政府性基金预算研究

A Study on Government-managed Funds Budget

刘 昶 / 著

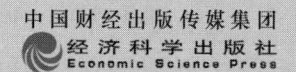

中国财经出版传媒集团
经济科学出版社
Economic Science Press

图书在版编目（CIP）数据

政府性基金预算研究／刘昶著．—北京：经济科学出版社，2020.11
ISBN 978-7-5218-2105-5

Ⅰ.①政… Ⅱ.①刘… Ⅲ.①国家基金-国家预算-研究-中国 Ⅳ.①F812.3

中国版本图书馆 CIP 数据核字（2020）第 229249 号

责任编辑：孙怡虹 李 宝
责任校对：隗立娜 孙 晨
责任印制：王世伟

政府性基金预算研究

刘 昶 著

经济科学出版社出版、发行 新华书店经销
社址：北京市海淀区阜成路甲 28 号 邮编：100142
总编部电话：010-88191217 发行部电话：010-88191522
网址：www.esp.com.cn
电子邮箱：esp@esp.com.cn
天猫网店：经济科学出版社旗舰店
网址：http://jjkxcbs.tmall.com
北京季蜂印刷有限公司印装
710×1000 16 开 10.25 印张 200000 字
2021 年 1 月第 1 版 2021 年 1 月第 1 次印刷
ISBN 978-7-5218-2105-5 定价：49.00 元
(图书出现印装问题，本社负责调换。电话：010-88191510)
(版权所有 侵权必究 打击盗版 举报热线：010-88191661
QQ：2242791300 营销中心电话：010-88191537
电子邮箱：dbts@esp.com.cn)

前　言

2014年修正的《中华人民共和国预算法》（以下简称《预算法（2014年）》）明确规定我国政府"预算包括一般公共预算、政府性基金预算、国有资本经营预算、社会保险基金预算"。政府性基金预算是我国政府预算体系的重要组成部分，无论是从支出规模还是存续时间的角度来看，它目前都是我国的第二大预算。随着《预算法（2014年）》对其地位和作用的进一步确认，政府性基金预算在我国政府预算体系中或将长期存在。然而，现有文献对政府性基金预算的研究相对较少，尤其是对政府性基金预算相关问题规范的实证分析则更加缺乏。

自1997年1月1日开始设置政府性基金预算来管理纳入预算的13项数额较大的政府性基金项目以来，我国的政府性基金预算已经积累了二十多年的运作经验。尽管如此，我国的政府性基金预算依然存在诸多的问题，这些问题突出表现在以下三个方面：第一，我国政府性基金预算历来具有项目数量多、规模大、负担重的特点，这对我国经济社会发展具有重大的影响；第二，政府性基金预算与一般公共预算的边界模糊、功能重叠，存在定位不清晰、分工不明确的问题，进而导致政府性基金预算对一般公共预算的替代性问题；第三，政府性基金预算的管理仍然不尽科学规范，存在预算编制比较粗放，预算约束力不强等问题，反映这些问题的一个明显指标就是政府性基金预决算偏离度过大。

针对以上三大问题，本书首次以规范的计量分析方法对相关问题进行了实证检验。具体而言，本书以政府性基金预算为研究对象，从增长效应、替代效应和预决算偏离三个视角分别研究了政府性基金预算对经济增长的影响问题、政府性基金预算对一般公共预算的替代问题以及政府性基金预决算偏离的问题。这三个问题都是目前政府性基金预算改革实践中遇到的重大理论和现实问题。本书通过实证分析得出的基本结论包括：

第一，无论是从静态还是从动态角度来看，政府性基金预算收入都会在一定程度上影响经济社会发展，因此有必要对政府性基金预算的规模和结构进行控制和调整。

第二，由于政府性基金预算与一般公共预算存在定位不清晰、分工不明确的问题，尤其是在支出方面交叉重叠的问题比较严重，因此政府性基金预算支出会对一般公共预算支出产生替代效应，即政府性基金预算的支出会替代一般公共预算在同一功能上的支出，而原本用于该功能的一般公共预算支出会转而用于其他的功能上，最终导致一般公共预算支出规模扩大。另外，政府性基金预算支出对一般公共预算支出的替代效应还说明政府性基金预算可能会降低政府公共资源的配置效率，导致政府规模不断扩大。而且，政府还可能会策略性地利用政府性基金预算来扩大其支出规模，实现其预算最大化的目的。

第三，造成我国政府性基金预决算偏离度过大的主要原因除了预算编制和审核过程中的技术原因之外，更多的还是其背后的体制机制等制度方面的原因。本书通过对政府性基金收入预决算偏离度影响因素的实证考察发现地方政府有可能追求GDP超预期目标增长，而GDP的超预期增长则是政府性基金收入预决算偏离的经济基础。因此，科学合理的考核指标体系有利于改善政府性基金预决算偏离的问题。

在以上实证结论的基础上，本书提出改进政府性基金预算的路径选择。具体来说，首先是确定政府性基金预算改革的总体思路、策略和原则，其次在改革的思路、策略和原则下有针对性地提出控制和调整政府性基金预算规模与结构、统筹协调政府性基金预算与一般公共预算关系、治理政府性基金预决算偏离问题具体的政策措施和配套改革措施。

目　录

第1章　导论 … 1
1.1　研究背景及意义 … 1
1.2　主要概念和研究对象的界定 … 4
1.3　研究思路及研究内容 … 7
1.4　研究方法 … 9
1.5　主要贡献 … 9
1.6　需要说明的问题 … 10

第2章　政府性基金预算相关理论基础与文献综述 … 13
2.1　相关理论回顾 … 13
2.2　相关文献综述 … 18

第3章　政府性基金及其预算管理的制度演变 … 31
3.1　政府性基金预算外管理阶段（1978～1996年）… 33
3.2　政府性基金预算内外双重管理阶段（1997～2010年）… 37
3.3　政府性基金全面预算管理阶段（2011年至今）… 40
3.4　本章小结 … 42

第4章　政府性基金预算规模、结构与经济增长效应的实证分析 … 44
4.1　我国政府性基金预算的规模 … 44
4.2　我国政府性基金预算的结构 … 50
4.3　政府性基金预算收支规模对经济增长影响的实证检验 … 63
4.4　本章小结 … 69

第5章 政府性基金预算对一般公共预算替代效应的实证分析 …… 71

5.1 政府性基金预算与一般公共预算关系的一个概念分析框架 …… 72
5.2 政府性基金预算与一般公共预算关系的现实考察 …… 76
5.3 政府性基金预算支出对一般公共预算支出替代效应的实证检验 …… 80
5.4 本章小结 …… 89

第6章 政府性基金预决算偏离的实证分析 …… 91

6.1 政府性基金预决算偏离的概念与制度背景 …… 91
6.2 政府性基金预决算偏离的现状 …… 96
6.3 政府性基金收入预决算偏离度的实证检验 …… 104
6.4 本章小结 …… 114

第7章 政府性基金预算改革的路径选择 …… 116

7.1 政府性基金预算改革的总体思路、策略和原则 …… 117
7.2 控制和调整政府性基金预算规模与结构 …… 118
7.3 统筹协调政府性基金预算与一般公共预算关系 …… 119
7.4 治理政府性基金预决算偏离的问题 …… 120
7.5 政府性基金预算改革相关的配套措施 …… 122

附录 …… 124
参考文献 …… 147

第 1 章

导　　论

1.1　研究背景及意义

1.1.1　研究背景

中国共产党十八届三中全会提出要建立现代财政制度，而现代预算制度是现代财政制度的重要基石，建立健全"全面规范、公开透明"的预算制度是建立现代财政制度的重要内容。党的十九大报告对预算制度提出了更高的要求，即"建立全面规范透明、标准科学、约束有力的预算制度"。由"全面规范、公开透明"上升到"全面规范透明、标准科学、约束有力"，这是对我国现代预算制度提出的新要求。2014年修正的《中华人民共和国预算法》规定我国政府"预算包括一般公共预算、政府性基金预算、国有资本经营预算、社会保险基金预算"。政府性基金预算是我国政府预算体系的重要组成部分，也要符合国家对现代预算制度提出的总要求。

自1997年1月1日开始设置政府性基金预算来管理纳入预算的13项数额较大的政府性基金项目以来，政府性基金预算已经走过了20多年的历程。政府性基金预算是我国复式预算体系中，除了一般公共预算以外，存在的时间最长的组成部分。随着2014年预算法对其地位的确认，政府性基金预算在我国预算体系中或将长期存在。虽然已经有累计超过20年的运作管理经验，但是我国的政府性基金预算依然存在诸多的问题。

第一，政府性基金预算规模与结构的问题。我国政府性基金预算历来具有项目数量多、规模大、负担重的特点，对我国经济社会发展具有重大的影响。因此，有必要对政府性基金预算规模、结构及其对经济增长的影响进行分析，在此基础上形成调整优化政府性基金预算规模和结构的意见和建议。

第二，政府性基金预算与一般公共预算之间关系的问题。公共经济要有效率，预算约束必须要硬化，各个预算的职能分工要明确，相互之间要协调配合，不能相互挤占挪用，要建立一定的防火墙机制。然而，2014年预算法界定的四本预算①之间却存在边界不清、预算约束软化的问题。实践中，政府性基金预算与一般公共预算之间的关系处理最具挑战性，因为这两者的边界最为模糊，功能的重叠最为严重。在当前强化政府性基金预算与一般公共预算统筹衔接的背景下研究二者之间的关系意义重大。

第三，政府性基金预算管理的问题。随着社会主义市场经济改革的不断推进，各级政府对政府性基金预算管理的重视程度也在不断加强，预算管理水平不断提高。但是，由于体制机制等多方面的原因，目前政府性基金预算管理仍不尽科学规范，存在预算编制比较粗放、预算约束力不强等问题。这些问题突出表现为政府性基金预决算偏离度过大，与现代预算制度要求的全面规范、公开透明、标准科学、约束有力还有一定的差距。

1.1.2 研究意义

以上问题都是政府性基金预算改革完善过程中必然要面对的重要问题。然而，现有文献对我国政府性基金预算的研究相对较少，尤其是专门针对政府性基金预算相关问题规范的实证分析更加缺乏。因此，有必要继续对这些问题进行深入的研究和讨论，推动对这些问题的研究具有重要的理论和实践意义。

（1）理论意义。

研究政府性基金预算有助于提高政府的财政受托责任和运营受托责任。政府性基金是财政资金，是公共资金，而所有公共资金都要纳入预算管理，接受人民监督，对人民负责，为人民提供公共商品和服务。公共支出就是一些人花其他人钱的事情，政府花钱和个人花钱最大的不同就是政府花的是"别人"的钱，花别人的钱就要对别人负责，就要反映纳税人或缴费人的偏好。因此，政府对人民负有财政受托责任和运营受托责任。财政受托责任就是确保政府做正确的事情，而运营受托责任则是以正确的方式做事情。简单地说，就是政府要以正确的方式做正确的事。什么是正确的事？反映纳税人偏好和公共利益的事情就是正确的事情，什么是正确的方式？就是公共资源

---

① 2014年8月修正的预算法将我国的预算分为一般公共预算、政府性基金预算、固有资本经营预算、社会保险基金预算（简称"四本预算"）。

的配置要有效率。

财政学（公共经济学）乃至整个经济学最根本的问题还是效率、公平和稳定的问题。财政或预算制度具有资源配置、收入分配以及经济稳定的职能。马洛和奥热霍夫斯基（Marlow and Orzechowski，1997）曾指出政府失灵的根本原因在于它采用了较差的支付和配置制度。但是，人们却很少思考政府基本的支付和支出制度对资源配置的影响。本质而言，政府资源配置采用的是模拟市场制度的思路，将税收（或收费）看作公共商品的价格，将人们选择公共商品的行为类比为消费者购买私人商品的行为。如果能够找到成本和收益对称或相等的办法，则可以提高资源配置的效率。沙安文（Shah，2005）指出，在公共支出方面取得好的结果的关键不在于任何特定的预算或融资程序，反而是在于实施尽可能透明的财政体制，将具体支出与收入决策联系起来。因此，我们需要关注支出与收入之间的制度性联系。

政府性基金预算采用的是专款专用原则，属于专款专用（earmarking）理论在实践中的运用。专款专用素来被认为能够将收入与支出联系起来，因此可以建立一种成本收益的对价关系，理论上可以通过这种稳定的成本收益结构提高政府资源的配置效率。至于在实践中是否能够提高资源配置效率，或者如何让其促进资源配置效率都是需要验证和思考的问题。

（2）实践意义。

第一，对于国家治理的意义。如果你不能预算就不能治理（Wildowsky，2010），因此预算在国家治理中有特殊地位和作用。财政是利用收支手段治理国家的工具，政府性基金预算作为反映政府性基金项目收支情况的预算（邓秋云和邓力平，2016），也是国家治理的重要工具。政府性基金及其预算是财政发挥国家治理基础和支柱作用的重要工具。改进政府性基金预算制度对于促进国家治理体系和治理能力现代化具有重要的意义。

第二，对于建立现代财政制度的意义。政府性基金预算是我国政府预算体系的重要组成部分，也是全面规范、公开透明、标准科学、约束有力的现代预算制度的重要内容，现代预算制度是现代财政制度的重要基石，因此研究政府性基金预算有利于建立和完善现代财政制度。

第三，对于推动政府性基金预算改革的意义。目前政府性基金预算改革中遇到的主要问题就是政府性基金预算规模和结构调整的问题、政府性基金预算与一般公共预算统筹协调的问题，以及政府性基金预决算偏离过大的问题，本书对这三大问题进行的集中研究有利于针对性地解决这些问题，对于推动当前的政府性基金预算改革具有重要的实践指导意义。

1.2　主要概念和研究对象的界定

1.2.1　主要概念的界定

（1）基金。

一般而言，基金是指专门用于某一特定目的的资金，简单地说就是一项专款专用的资金。因此，基金最大的特点就是专款专用，既有特定的收入来源又有特定的支出方向和使用目的。基金是一个非常常见的概念，广泛运用于我们的经济生活之中。按照性质和使用的领域大致有市场性质的基金、社会性质的基金以及政府性质的基金（温娇秀，2017）。市场性质的基金，如资本市场上以营利为目的的各类投资性质的基金；社会性质的基金，如不以营利为目的纯粹为公益成立的基金；政府性质的基金，主要是与政府财政或预算相关的基金。政府性质的基金也是一个大类性质的基金，只要跟政府财政预算相关即属于此类基金，大致有以下几种：通过财政预算拨款建立的基金、通过社会统筹建立的社保基金、行政事业单位按照国家财务会计制度规定建立的专项基金以及本书研究的政府性基金。

这里特别需要注意的是，从一般公共预算中提取资金设置的基金或专项资金（如扶贫专项资金），简单来说这些资金形式只是一种资金分配的方式，在完成分配这个步骤之前，其用途的特定性无法彰显。因此，仅属于财政支出范畴的概念，与政府性基金这种集合资源或资金筹集、分配和使用于一体的概念有根本的区别。

（2）政府性基金。

"政府性基金"和"政府性基金预算"1996年第一次正式出现在政府的相关文件中。《关于加强预算外资金管理的决定》将13项数额较大的政府性基金和收费归属于财政预算管理，主要包括养路费、车辆购置附加费及铁路建设基金等项目。此前的政府性基金是预算外资金的一部分，收、支、用、管完全按照预算外资金的管理办法执行。此后，政府开始设置与一般预算（一般公共预算）相区别、相分离的政府性基金预算，并制定了《政府性基金预算管理办法》对纳入预算的政府性基金进行严格的管理。随后，政府逐步将更多的预算外管理的政府性基金纳入预算管理，截至2002年7月1日，财政部公布保留的31项政府性基金项目全部纳入预算管理。

第一次对政府性基金进行定义的文件是《关于加强政府性基金管理问题的通知》。政府性基金是指"各级人民政府及其所属部门根据法律、国家行政法规和中共中央、国务院有关文件的规定,为支持某项事业发展,按照国家规定程序批准,向公民、法人和其他组织征收的具有专项用途的资金"。

第二次定义出现在《关于加强政府非税收入管理的通知》中,该定义与第一次的定义相比基本没有变化,只是在事业前加了限定词"公共",在征收前加了限定词"无偿",在资金前加了限定词"财政",这些修改使得政府性基金的定义更加精确。

第三次定义出现在《政府性基金管理暂行办法》中,该定义在第二次定义的基础上在征收目的方面增加了对"特定公共基础设施建设"的支持。

《预算法(2014年)》第九条,给出了政府性基金预算的定义,也间接给出了政府性基金的定义。政府性基金预算是对依照法律、行政法规的规定在一定期限内向特定对象征收、收取或者以其他方式筹集的资金,专项用于特定公共事业发展的收支预算。由此可以推出,纳入政府性基金预算管理的资金一定符合如下定义,即依照法律、行政法规的规定在一定期限内向特定对象征收、收取或者以其他方式筹集的,专项用于特定公共事业发展的资金。因为在《预算法(2014年)》修订之时,政府性基金目录中的项目除了教育费附加之外,其他所有项目都在政府性基金预算中管理,而政府性基金目录中的项目一定是政府性基金,所以政府性基金一定符合"依照法律、行政法规的规定在一定期限内向特定对象征收、收取或者以其他方式筹集的,专项用于特定公共事业发展的资金"这一定义。不过,政府性基金预算中除了有政府性基金目录中的项目(简称"目录基金")外,还有其他不属于政府性基金目录中的项目,我们将不属于政府性基金目录中的项目称作"非目录基金"。

对政府性"基金定义"的要素变化如表1-1所示。

表1-1 对政府性基金定义的要素变化

要素	2000年	2004年	2010年	2014年
征收主体	各级人民政府及其所属部门	各级政府及其所属部门	各级人民政府及其所属部门	—
征收依据	法律、国家行政法规和中共中央、国务院有关文件	法律、行政法规和中共中央、国务院有关文件	法律、行政法规和中共中央、国务院有关文件	法律、行政法规
征收目的	为支持某项事业发展	为支持某项公共事业发展	为支持特定公共基础设施建设和公共事业发展	特定公共事业发展

续表

要素	2000 年	2004 年	2010 年	2014 年
征收程序	国家规定程序	—	—	—
征收期限	—	—	—	一定期限内
征收对象	公民、法人和其他组织	公民、法人和其他组织	公民、法人和其他组织	特定对象
征收方式	征收	无偿征收	无偿征收	征收、收取或者以其他方式筹集
使用原则	专项用途	专项用途	专项用途	专项用途
资金性质	资金	财政资金	财政资金	资金

注：特定对象也就是特定的公民、法人和其他组织，而非任意的或所有的公民、法人和其他组织都会成为征收对象。

通过以上对政府性基金定义的分析我们可以发现，其定义涉及征收主体、征收依据、征收目的、征收程序、征收期限、征收对象、征收方式、使用原则、资金性质等要素。而且，政府性基金的定义处在不断变化和发展之中。尽管官方在不同时期对政府性基金的定义有所变化，但是一些要素总是不变的，如专款专用的总体原则，这是政府性基金的本质特征。

（3）政府性基金预算。

如前所述，《预算法（2014 年）》给出了政府性基金预算的权威定义，即"政府性基金预算是对依照法律、行政法规的规定在一定期限内向特定对象征收、收取或者以其他方式筹集的资金，专项用于特定公共事业发展的收支预算"。通过分析我们发现，该定义涉及征收依据、征收期限、征收对象、征收方式、征收目的等要素。其中，最显著的特点就是"一定期限""特定对象"和"特定"目的，邓秋云和邓力平（2016）将其归纳为"三个特定"和"一个发展"，因此政府性基金预算就是在"特定（一定）期限，向特定对象，用于特定公共事业发展的收支预算"[①]。

1.2.2 本书的研究对象

本书以政府性基金预算为研究对象，但是并不对政府性基金预算做全面系统的研究，而是仅就政府性基金预算理论与实践中的几个重大和焦点问题

---

① 邓秋云，邓力平. 政府性基金预算：基于中国特色财政的理解 [J]. 财政研究，2014（07）.

进行集中的研究。这些问题分别是政府性基金预算规模与结构的控制和调整问题、政府性基金预算与一般公共预算关系问题以及政府性基金预算和决算偏离的问题。对于每一个问题都选取一个特定的角度来论证和说明：对于第一个问题，通过政府性基金预算规模、结构以及收支规模对经济增长效应的考察来论证和说明；对于第二个问题，通过实证分析政府性基金预算支出对一般公共预算支出的替代效应来说明二者之间的关系；对于第三个问题，目前我国的政府性基金预决算偏离问题非常严重，本书通过对影响我国政府性基金收入预决算偏离的制度因素的实证考察，为从根本上治理政府性基金预决算偏离问题提供决策参考和政策建议。

1.3 研究思路及研究内容

1.3.1 研究思路

本书整个思路是三段论式的，即提出问题—分析问题—解决问题。首先，在导论部分研究背景的基础上提出本书要研究的问题。其次，总结现有的理论和文献，并在分析政府性基金预算管理制度演变的基础上从三个角度实证分析了政府性基金预算相关的重要理论和现实问题。最后，在前文的基础上提出改进政府性基金预算的对策建议。图1-1为本书的技术路线。

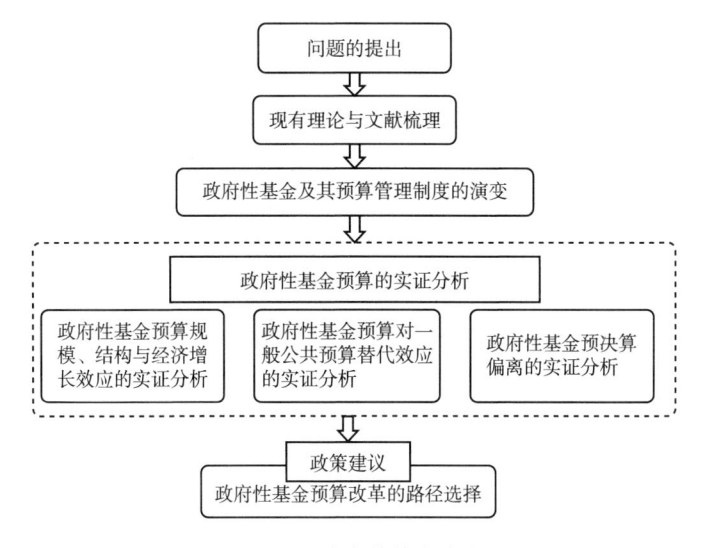

图1-1 本书的技术路线

1.3.2 研究内容

本书以政府性基金预算为研究对象，集中研究和回答了以下几个方面的问题：政府性基金预算相关的理论、政府性基金预算制度的变迁、政府性基金预算的规模和结构问题、政府性基金预算的经济增长效应、政府性基金预算对一般公共预算的影响、政府性基金预决算偏离的问题、政府性基金预算改革的路径选择等。本书共分 7 章对上述问题进行具体地分析和阐述，各章节的主体内容安排如下：

第 1 章，导论。从研究背景出发，提出本书要研究的问题和研究对象。此外，还具体介绍了本书的研究思路、研究内容、研究方法以及本书可能的贡献之处。

第 2 章，政府性基金预算相关理论基础与文献综述。本章首先对政府性基金预算相关的主要理论进行了简要的分析。其次，对政府性基金预算相关国内外文献进行综述，找出现有文献研究的不足，并以此作为本书研究的突破点和研究方向。

第 3 章，政府性基金及其预算管理的制度演变。本章将我国政府性基金管理的制度分为三个阶段，即预算外管理阶段、预算内外双重管理阶段以及全面预算管理阶段。

第 4 章，政府性基金预算规模、结构与经济增长效应的实证分析。本章从规模和结构两个方面分析了我国政府性基金预算的现状和问题，并在此基础上分析了政府性基金预算收支规模的经济增长效应。

第 5 章，政府性基金预算对一般公共预算替代效应的实证分析。本章建立了一个认识政府性基金预算与一般公共预算二者关系的概念分析框架，结合实际分析了二者的地位和作用，并且以我国省级层面的面板数据实证检验了政府性基金预算支出对一般公共预算支出的替代效应。

第 6 章，政府性基金预决算偏离的实证分析。我国政府性基金预算管理存在诸多问题，本章以预决算偏离度这个指标来反映政府性基金预算管理的问题，并以省级面板数据实证分析了导致政府性基金预决算偏离过大的体制机制原因。

第 7 章，政府性基金预算改革的路径选择。本章在总结全书基本结论的基础上，提出改进我国政府性基金预算的对策和建议。

1.4 研究方法

本书使用的主要研究方法是规范分析和实证分析相结合，这是现代经济学研究必不可少的研究方法。其中，实证分析方法是本书的重点分析方法，本书主要采用面板数据常规的计量估计方法，主要有面板固定效应估计，面板向量自回归（PVAR）估计等，对于实证估计中可能存在的内生性问题，本书使用了诸如工具变量（IV）估计这样经典的估计方法。

1.5 主要贡献

现有文献对我国政府性基金预算的研究相对较少，尤其是专门针对政府性基金预算相关问题规范的实证分析更加缺乏。本书紧紧围绕当前政府性基金预算理论与实践中面临的几个重要问题，首次从实证角度分别研究了政府性基金预算的经济增长效应、政府性基金预算支出对一般公共预算支出的替代效应以及影响政府性基金预决算偏离的制度因素。本书的研究对于认识和推动我国政府性基金预算改革有一定的理论参考价值和实践指导意义。首先，对政府性基金预算经济增长效应的实证分析为控制和调整政府性基金预算规模与结构提供了实践证据；其次，针对实践中加强政府性基金预算与一般公共预算统筹协调的问题，研究了政府性基金预算对一般公共预算的替代效应，为二者的协调配合提供了实证支持；最后，对政府性基金预算偏离度影响因素的实证分析，揭示了政府性基金预决算偏离度过大背后的体制机制原因，为缩小政府性基金预决算偏离度、提高其预算管理水平提供决策支持。

由于作者学识能力有限，加上目前政府性基金预算信息披露的透明度仍然不够，许多详细的信息都无法获取，比如省级层面政府性基金收支项目的数据严重缺乏，只能在已经披露的数据基础上对一些命题和假设进行初步的验证。正是由于这些主客观方面的原因，本书对于政府性基金预算相关问题的研究依然有很多不足的地方有待进一步改进和完善。

1.6 需要说明的问题

1.6.1 政府性基金预算与一般公共预算名称的变迁

在财政部每年制定出版的《政府收支分类科目》① 中，政府性基金预算在2011年以前被称为"基金预算"，2011年开始被称作"政府性基金预算"，即经历了"基金预算→政府性基金预算"的变化过程。一般公共预算，在2012年以前被称为"一般预算"，2012年至2015年被称为"公共财政预算"②，2016年开始被称为"一般公共预算"，即先后经历了"一般预算→公共财政预算→一般公共预算"的变化过程。为了贯彻落实《预算法（2014年）》，并且在不引起误解的情况下，本书统一按照《预算法（2014年）》中的名称来处理，必要的时候会以括号或脚注形式做出说明。

1.6.2 关于本书数据的说明

尽管早在1996年财政部制发的《政府性基金预算管理办法》就要求各级财政部门对政府性基金采取单独编列的办法编制政府性基金预算，政府性基金预算的收入和支出独立于一般预算（一般公共预算），不计入一般预算收入和支出总计，但是中央在2009年，地方在2010年才正式规范编制并对外公布政府性基金预算③。2011年1月1日生效的《政府性基金管理暂行办法》明确规定政府性基金预算需提交同级人民代表大会审批④。从2011年开始，在每年公开出版的《中国财政年鉴》中增加3张政府性基金预决算的表

---

① 2007年以前为《政府预算收支科目》。
② 一般《政府收支分类科目》都是在当年6月份出版下一年的，因而在《预算法（2014年）》修改和施行前《2015年政府性收支分类科目》已经出版，所以并没有按照《预算法（2014年）》改称"一般公共预算"。
③ 全国层面政府性基金预算的总体数据从2008年开始公布，《关于2008年中央和地方预算执行情况与2009年中央和地方预算草案的报告》：http://politics.people.com.cn/GB/1026/8963759.html。
④ 按照《政府性基金管理暂行办法》第二十八条和第三十条规定，财政部完成了2010年基金预算编制工作，并经十一届全国人民代表大会三次会议审议通过。此次会后首次将基金收支预算向社会公布，让社会了解和监督预算执行。《财政部公布政府性基金预算编制情况》：http://www.mof.gov.cn/zhengwuxinxi/caizhengshuju/201005/t20100511_291390.htm。

格，分别是全国政府性基金预决算收支表、中央政府性基金预决算收支表、地方政府性基金预决算收支表，但是这些数据都是总体数据，并没有分地区的数据。本书关于政府性基金预算的大部分数据都是从 2010 年开始的。虽然，也可以在《地方财政统计资料》和《全国地市县财政统计资料》上找到 2009 年及以前年份地方政府层面的政府性基金及其预算收支的数据。但是，由于多方面的原因①，这些数据的波动性太大，动辄数倍甚至十倍（即百分之几百到百分之几千）的变动（例如，2007 年上海市政府性基金收入比 2006 年增长了 2001.83%，而 2010 年的政府性基金预算收入相对于 2009 年的增速数据仅有 3 个地方在 100% 以下），如果直接使用这些数据，时间维度的数据断点或突变点太多（虽然可以使用一定的技术办法在一定程度上克服这一问题）。考虑到如此大的波动性对分析结果有太大的影响，因此，本书放弃了对数据样本量的盲目追求，选择 2010 年至今的数据。

另外，本书所使用的数据主要是中国内地（大陆）的数据，如果涉及香港特别行政区、澳门特别行政区以及台湾地区（以下简称"港澳台地区"）的数据，会特别说明。

1.6.3 其他需要说明的问题

(1) 关于公共商品的概念。

"公共商品"是英文"public goods"的中文译名，是相对于私人商品（private goods）而言的。相似地亦有准公共商品（quasi-public goods）、俱乐部商品（club goods）等。国内大多学者习惯于用"品"或"物品"而非"商品"，本书遵循吴俊培（1994）将其称作"公共商品"。作者认为商品更宜于进行经济分析，比如进行成本收益分析。财政学或公共经济学在一定程度上采用的是模拟市场的思路，如将税收看做公共商品的价格，并将其称作"税收价格"（tax price）。

(2) 关于统收统支的概念。

本书中"统收统支"是英文"general fund financing"的意译，如果直译

---

① 通过对比政府性基金预算项目的变化，可以找到一些变化原因的线索。例如，2008 年彩票公益金纳入基金预算，尤其是国有土地出让收入全额纳入政府性基金预算；2010 年城市基础设施配套费收入、重大水利工程建设基金收入、车辆通行费、船舶港务费等转入；2011 年预算外收入成为历史，最后一项长江航道维护收入纳入政府性基金预算，不过它的规模很小，影响不大。2011 年全国的决算数为 16.38 亿元。

的话为"一般基金融资"，是政府采用的相对于"专款专用"（earmarking）的一种理财方式或者预算管理方式。值得注意的是，本书所指"统收统支"的概念区别于我国历史上曾经出现过的高度集中于中央政府的统收统支的财政或预算管理体制，如果用于说明我国的财政或预算管理体制，本书中会采用"统收统支的财政或预算管理体制"这样的形式。

第 2 章

政府性基金预算相关理论基础与文献综述

目前并没有关于政府性基金及其预算的直接理论，不过，与之相关的概念有特种基金（special fund）、特别收入基金（special revenue fund）、指定用途基金（earmarked fund）以及指定用途税（earmarked tax）等，对于这些相关概念的理论是相对系统和完整的。已有文献认为特种基金相关理论主要有专款专用理论、俱乐部商品理论和防水舱理论等（张四明、方清风，2003）。

我国的政府性基金预算属于特种基金（预算）范畴。本章首先从专款专用（earmarking）与统收统支理论、准公共商品与俱乐部商品（club goods）理论、防水舱（compartmentalization）与防火墙理论以及信息不对称和委托代理理论出发，进行理论基础的梳理。在此基础上，本章还对相关研究文献进行梳理回顾，并进行简要的总结评述，分析已有研究的不足，提出本研究试图努力的方向。

2.1 相关理论回顾

2.1.1 专款专用与统收统支理论

从预算制度层面来看，对各种财政收入该如何支出有两种办法：其一，一般基金制（general fund financing），即所有不同性质的收入（各种税收和收费等）完全不加区分全都进入一个资金池，然后由政府来相机决定、统一调度统筹使用。一般基金制的实质是"统收统支"，这种办法实行的是收支分离，所有财政收入汇入一个资金池并不预先指定用途，根据需要统筹使用。其二，专款专用（earmarking/hypothecation①）是指将某些特定收入（specific revenues）指定用于某些特定的公共服务（specific public services）（Buchanan，1963）。专款专用在英美等国的预算实践中出现得很早，如英国17世纪查理一世时期的船税（ship money）主要是向港口和沿海地区征税用于支持海军军费，还有1889年的汽车消费税（vehicle excise duty）其收入指定用于道路的建设和维护（Seely，2011）。虽然专款专用的零星实践早已有之，但是早期政府收支更多还是采用统收统支原则，财政学者也普遍认同这一理财方式。统收统支这一做法最大的好处就是弹性灵活，在早期政府不干预经济，财政支出占GDP的比重较小的情况下是利大于弊的。从理论上对专款专用进行分析还是始于布坎南（Buchanan，1963）。布坎南第一次对统收统支提出直接而深刻的批评，并从理论和实证上对专款专用进行了论证，成为研究此问题的经典文献。

布坎南认为专款专用与统收统支最大的区别就在于二者的立场不同，传统的统收统支的做法更多是站在政府决策者的立场上；而专款专用则是站在选民的立场上，与统收统支比起来，分开表决更能精确地反映选民的偏好②。对此，布坎南做了一个类比，他将统收统支类比于商场的搭售，而专款专用则相当于正常的一对一的市场购买行为，因此专款专用将成本和收益、收入和支出联系起来，让纳税人明确地知道自己缴纳的税款被用在哪里，同时也有利于确定支付意愿、需求偏好和有效的支出量，因此专款专用相对于统收统支而言更有效率。

专款专用理论为基金预算这种不同的预算管理模式或"特别的理财方式"③奠定了理论基础。

2.1.2 准公共商品与俱乐部商品理论

一般的经济学理论根据商品和服务的排他性和竞争性将其分为私人商品和公共商品。布坎南认为传统的研究方法其实只是看到了商品的可分性谱系

---

① "earmarking"的词根为"earmark"，最初指的是在牲畜的耳朵上做标记，以示其所有权。这里指在某些财政收入上打上支出印记。这里的"hypothecation"与"earmarking"同义，作者在搜集文献时发现，同样在讨论"专款专用"英国学者更喜欢用"hypothecation"或"hypothecated taxes/revenue"，而美国学者则是用"earmarking"或"earmarked revenue/taxes"。
② 在特殊情况下两种表决会有一样的结果，但是一般而言两种结果并不一样。
③ 佩塔斯尼克著. 郭小东等译. 美国预算中的信托基金［M］. 格致出版社，2009.

(the divisibility spectrum)这个标准，即根据商品和服务的利益在集团中不同成员（消费者）之间的"可分性"程度，将其分为完全可分的纯私人商品、完全不可分的纯公共商品以及介于二者之间的公共商品（即准公共商品），这样可以在可分与不可分的谱系上将商品进行排序。布坎南认为仅仅按照商品可分性—不可分性进行排序存在明显的缺陷，因为随着集团规模（或互动者人数）的变化（即空间上的动态性），商品不会一直处在标尺的同一刻度上。因此，他在这个分类标准的基础上，又引进了另一个维度的排序指标，它描述了不可分性特征适用的范围或边界，即像衡量不可分性程度一样考虑用另一个光谱或尺度来刻画人际互动的范围。这样，完全可分的纯私人商品就处在人际互动范围仅限于单个消费单位、个人或家庭这样一个极端上。另一个极端则表示商品利益完全不可分的纯公共商品的人际互动范围（理论上）涉及无数人。通过图2-1可以将两类相互独立的特征，即不可分性的程度和不可分性的范围，分别表示在同一个盒状示意图中，我们将此图称为"布坎南盒状图"（Buchanan's Box）。其中，横轴衡量的是互动集团的规模，也就是商品利益的人际互动范围（如横轴所示，越往箭头P方向，人际互动范围或互动集团规模越大），纵轴衡量的是不可分性程度（如纵轴所示，越往箭头I方向，越不可分）。现在，任意商品或服务都可以根据其在不可分性以及人际互动范围这两个特征上的表现在盒状图中找到自己的位置（坐标）。

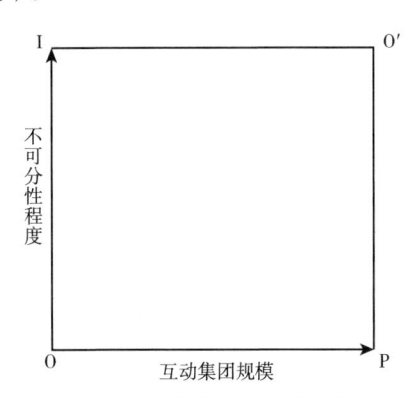

图2-1　布坎南盒状图示意

由此理论可知，在较低规模集团中不可分或不可分程度较高的公共商品和服务随着人际互动范围的扩大其可分性程度会提高，即会从纯公共商品这一极向纯私人商品这一极变动（即大致沿着盒子的左上角到右下角的对角线IP方向变动），这就意味着较低人际互动范围的集体应该承担更多在其辖区范围内不可分程度较高的公共商品和服务的供给责任；同时也意味着其筹资和分配方式可能会发生变化，比如原来不可分程度高的公共商品可以通过税收筹资免费消费，当其不可分程度降低时则可以考虑通过部分收费方式来筹资，具体筹资方式要详细考虑公共性或溢出效应因素。

在公共商品中，有一类公共商品被称作俱乐部商品，这种商品是专供特定人群使用的商品（Buchanan，1965）。一般的公共商品具有非排他性和非竞争性的特征，其中前者是指消费者不必支付对价即可享受该公共商品，后者是指一个人消费并不影响其他人同时消费。但是俱乐部商品与此不同，该商品仅供一定人数的特定人群消费，如果超过一定人数则会发生拥挤成本。布坎南认为俱乐部商品属于小规模群体中不可分的商品和服务。

政府性基金预算负责的部分商品就类似于俱乐部商品，因此不应该让没有受益的人来负担俱乐部人群受益的商品，即不应该由一般公共预算中的税收来负担俱乐部商品的融资。因为这样除了会导致不公平的问题外，还会影响公共资源的配置效率。对此，布坎南曾指出，如果一般税为特种群体受益的物品和服务融资会导致公共物品的过度供给。沙安文（2005）将其称作预算的公共池资源问题（common pool resource problem），这个问题的核心在于预算的外部性，即来自一般税的收入被用于为社会中特种人群受益的项目融资，这就切断了成本和收益之间的联系。这会导致软预算约束，真正的预算约束或硬预算约束要求每个受益人群都必须为其所要求的公共商品或服务进行全额支付。否则，就会导致过度支出、债务以及公共部门过大问题，根本原因是成本收益不对称，大家都想从总的收入池子里进行支出，而不用承担成本，或者少承担成本。

2.1.3 防水舱与防火墙理论

防水舱理论是一种比喻的方法，最早是由熊秉元（Hsiung，2001）提出，他认为专款专用的制度安排可以作为风险控制的预防设施，可以防止一个预算项目的问题蔓延到其他预算项目，这一点就像潜水艇防水舱的分割设计。潜水艇的防水舱由多个分割的小舱室组成，一旦某个防水舱爆裂并不会影响其他防水舱正常工作，从而不会危及整个潜水艇的安全。基金预算就是将整个预算分成不同的基金项目，各个项目之间保持完整独立、各司其职，就像潜水艇各个独立的防水舱室，一个基金项目的问题不会蔓延至其他基金项目，从而起到风险防范的作用。与防水舱相似的比喻是防火墙，佩塔斯尼克

(Patashnik，2000）指出基金制就如防火墙可以将不同预算之间的风险阻隔起来，通过专款专用的制度安排可以将各个预算分割开来，从而建立起硬的预算约束。邓秋云和邓力平（2016）也提出要在各本预算之间构筑坚实的防火墙。

现实中政府性基金预算与一般公共预算各自都是分割的防水舱，而且我们将一般债务和专项债务分别纳入一般公共预算和政府性基金预算进行管理，相当于在二者之间建立了一道防火墙，从而可以有效地将二者的各种风险阻隔开来。除了各个预算之间符合防水舱原理，政府性基金预算的各个基金项目之间也是相互独立、严格分割的，因为各个基金项目之间的资金是不可以相互调剂的，所以基金项目之间的分割比政府性基金预算与其他预算尤其是与一般公共预算之间的分割更加严格。因为，《预算法（2014年）》既强调政府性基金预算与一般公共预算各自完整独立，也要求政府性基金预算与一般公共预算相衔接。

2.1.4 信息不对称与委托代理理论

信息不对称理论是指在交易中各方拥有的信息不对等，因此拥有信息优势的一方可能会损害处于信息劣势一方的利益。委托—代理是建立在信息不对称下的一种契约关系（郭海萍，2017）。委托代理理论最早是根据企业所有者和经营者之间关系提出的一种理论。由于委托代理理论在诠释预算关系上表现出的潜力，这种理论被广泛运用于预算管理之中，更有学者提出，公共预算的核心就是委托人和代理人之间的关系（Aman and Hildreth，2010）。

一般情况下，在预算过程中信息不对称主要表现为委托人处于信息劣势而代理人拥有信息优势，再加上参与者之间的等级关系更加强化了代理人的优势地位（Bendor，1988；Aman and Hildreth，2010）。

政府性基金预算过程的每一个环节都有可能会出现委托代理问题。政府性基金预算属于专款专用的特种基金预算（以专门的预算账户反映特定的预算资源），其设立的一个初衷就是为了使政府更好地履行财政受托责任和运营受托责任，使政府资金使用更加透明化，提高预算管理透明度[①]，便于民

[①] 《中国财政情况（2012－2013）》，国家预算体系之政府性基金预算：http://www.mof.gov.cn/zhuantihuigu/czjbqk1/ystx/201405/t20140505_1075145.html。

众监督。

综上所述，政府性基金及其预算成立的理论基础主要有以上几种，其中专款专用理论是政府性基金预算最主要的立论基础。但是，目前国内文献关于这一方面理论的介绍还不够。

2.2 相关文献综述

2.2.1 关于专款专用理论发展与检验的文献

除以上相关理论之外，还有其他文献是对以上理论的具体发展运用和检验。这里重点关注对专款专用相关理论的发展和实证检验。

(1) 概念拓展及分类。

继布坎南关于专款专用的开创性文献之后，有不少研究对专款专用的概念进行了拓展，并对专款专用进行了不同的分类。典型的如麦克里里（McCleary，1991）、伯德和俊（Bird and Jun，2005）以及迈克尔（Michael，2015）。他们基于不同的研究目的，对专款专用进行了不同的分类。其中，迈克尔（2015）的分类比较简单，他将专款专用简单地分为完全的专款专用制（full earmark）和部分专款专用制（partial earmark），在完全的专款专用制下指定的收入是特定项目唯一的资金来源；部分专款专用制下，除了指定收入之外，该项目还可以有其他的资金来源。

麦克里里（1991）以及伯德和俊（2005）对专款专用的分类更加细致，具体的分类见表2-1。其中，麦克里里（1991）按照收入来源和支出目的或用途的特定性将专款专用分为4大类（见表2-1）。A类，特定的收入对应特定的支出；B类，特定的收入对应广泛的支出；C类，一般收入对应特定支出；D类，一般收入对应一般支出。A类中有一个子类，被称为"强专款专用"（strong earmarking），此类制度安排下，受益人明确地为其享受的商品和服务进行支付（缴税或付费），其功能并不涉及收入分配，而且基本不会出现无效率的结果。A类中的其余子类以及B类、C类、D类都是"弱专款专用"（weaker earmarking），在这种制度安排下支付与受益人之间的联系相对微弱，甚至没有联系，其功能涉及再分配相关目标以及与资源配置目标混合的其他社会福利目标。

表 2-1　　　　　　　　　McCleary 对专款专用的分类

类型	收入	支出	例子
A	特定收入	特定用途	汽油税和车辆牌照费用于高速路投资；社会保险与失业基金；公共企业支持
B	特定收入	广泛用途	彩票收入以及对烟酒征收的罪恶税用于支持社会福利项目；对石油征收的税收和特许经营费用于支持发展
C	一般收入	特定用途	总收入的固定比例用于特定项目（如教育）；特定目的的共享税
D	一般收入	一般用途	共享税

资料来源：McCleary, W., The earmarking of government revenue: a review of some World Bank experience. The World Bank Research Observer, 1991, 6 (1): 81-104.

伯德和俊（2005）按照支出的特定性、收支联系的紧密程度以及是否体现受益原理将专款专用分为 8 类（见表 2-2）。

表 2-2　　　　　　　　　Bird 和 Jun 对专款专用的分类

种类	支出	联系	原理	例子
A	特定	紧	受益原则	公共企业
B	特定	松	受益原则	汽油税与道路融资
C	广泛	紧	受益原则	社会保险
D	广泛	松	受益原则	烟税与健康融资
E	特定	紧	无	环境类税收与清洁项目
F	特定	松	无	工资税与健康融资
G	广泛	紧	无	对地方的共享税
H	广泛	松	无	彩票收入与健康

资料来源：Bird, R. M. and J. Jun, Earmarking in theory and Korean practice. ITP Paper, 2005: 513.

（2）专款专用的优缺点及其检验。

除了以上概念发展外，对专款专用不断有不同角度的探讨。这些研究包括对专款专用的优点和缺点的考察，实践中是否采用专款专用的条件，以及对涉及专款专用优缺点的实证检验等。

美国税收基金会（Tax Foundation, 1965）曾归纳过专款专用的优点：1）对于政府的服务使得谁受益谁付费原则成为可能；2）确保政府期望的功能有最低水平的支出；3）有助于国家财务稳定；4）确保特定项目得以持续；5）引导公众支持新税或增加税收。缺点：1）妨碍预算控制；2）导致资金错配，某些支出功能资金过剩而另一些功能上资金不足；3）收入结构无弹性；4）专款专用规定一旦通过，则会长期持续存在；5）破坏行政和立法的决策权，因为专款专用会使一部分政府活动脱离定期检查和控制。迈克尔（2015）提出的优点：1）稳定可靠的融资保障；2）获得增加融资的政治支持；3）限制总的支出和税收；4）联系特定税收和支出决策。缺点：1）预算无弹性；2）操作和遵从问题；3）收入替代；4）影响税收政策调整和改革；5）增加税务管理和遵从成本。

从以上可以看出专款专用既有优点也有缺点，所以存在争议，至于实践中是否采用，世界银行和国际货币基金组织（IMF）都有探讨。例如，麦克里里（1991）通过对世界银行经验的总结，归纳出9个检验专款专用制是否适宜的问题（见表2-3），如果这9个问题无法得到肯定的回答，采用专款专用的制度就值得怀疑。

表2-3　　　　McCleary 检验专款专用制是否合适的 9 个问题

序号	问题
1	受益人与支付者之间是否有很强的联系？
2	专款专用对于确保服务水平、提高收入征收以及服务质量是否必要？
3	专款安排能否充分满足现在和期望的需求水平？
4	该安排对于资源配置是否会产生扭曲效应（无谓损失）和通胀效应？
5	是否有合适的投资项目？是否有关于管理投资决策、项目支出结构（资本、维修改造和经常性费用支出）一套清晰的规则？
6	是否有会计和审计措施以防范基金的滥用和转移？
7	支出项目及其融资与政府在宏观经济和资源配置上的政策是否一致？或者更好，是否有专门的政府机构监督该基金并确保它们的活动与政府政策相一致？
8	是否有（或者将有）一个有能力的机构来负责规划、评估和实施该项目？
9	是否有一个截止日期，以决定该专款专用安排是否继续？

资料来源：McCleary, W., The earmarking of government revenue: a review of some World Bank experience. The World Bank Research Observer, 1991, 6 (1): 81-104.

还有文献从行为财政学角度，以实验和问卷的方法考察了人们对专款专用的支持态度。塞伦和凯尔贝克（Sælen and Kallbekken, 2011）以实验方法考察了挪威抽样人群对增加燃油税的态度，结果发现燃油税的专款专用有利于增加人们支持，因为专款专用增加了人们对燃油税环境效益的感知；洪茨德菲尔等（Hundsdoerfer et al.，2013）考察了德国税收标签化（tax labeling）和税收专款专用（tax earmarking）对人们支付意愿的影响，发现税收标签化和专款专用都会显著地增加被调查者的纳税意愿，而且专款专用的作用比标签化要更强，因此标签化和专款专用是政策推销和增加税收的重要工具；巴兰兹尼和卡拉蒂尼（Baranzini and Carattini，2017）用调查数据考察了影响碳税接受性的因素，发现碳税收入专款专用于环境保护可以提高大众对其支持度。

专款专用作为一种规则可以对政府相机决策的权力形成制约，有利于建立起更加透明的预算制度、硬化预算约束，有利于政府履行财政受托责任，提高政府效率。埃里克和阿诺德（Wyrick and Arnold，1989）认为专款专用可以遏制寻租和腐败；布鲁特和肯（Brett and Keen，2000）认为专款专用是一种制约政治家相机抉择权力的方式，可以防止他们将收入从原始项目上挪作他用。马尔西利亚尼和伦斯特龙（Marsiliani and Renstrom，2000）提出专款专用规则或约束可以作为承诺机制应对财政政策的时间不一致问题（time-inconsistency problem）。狄龙和佩罗尼（Dhillon and Perroni，2001）使用博弈论的模型认为专款专用有利于政府履行财政受托责任。博斯（Bös，2000）指出专款专用会给政府施加压力，可以使政府更有效率。迈克尔（2015）认为专款专用在财政方程的收入端和支出端之间建立直接的联系，从而为公民或选民提供财政透明度。在特定收入和支出建立联系使得公众对支出的税收价格很清晰，从而有利于提高财政的可问责性和透明度。

哈德斯佩斯等（Hudspeth et al.，2015）提出了相反的观点，尽管专款专用的特种基金（special funds）会增加受托责任（accountability）和控制，但是最终的结果可能会减少（财政）透明度，因为议会以及大众媒体对预算报告的关注焦点通常局限于一般基金（general funds）。这种情况在中国也存在，关注的焦点通常集中在一般公共预算，对其他几本预算尤其是政府性基金预算的关注度还不够。这可能跟政府性基金预算想要提高预算信息透明度的初衷相违背。不过，只需要通过引导就应该可以解决这一问题。

（3）专款专用对政府支出的影响。

对于专款专用制对政府支出的影响，这一支文献分别考察了专款专用制或专用税对其所支持的特定项目支出的影响，以及对政府总体（支出）规模的影响。这些文献的理论基础是替代效应和粘蝇纸效应（Crowley and Hoffer，2012）。

替代效应（fungibility effect），通常会发生在某一支出项目有不同来源资金支持，尤其是原来的支持资金是政府决策者可以自由支配的资源的时候，额外的指定用途资金会被用来替代原来在这一项目上的资金。由于原来的资金政府可以自由支配，一旦有别的资金来补充，决策者就有动机或激励将原来用于支持该项目的资金撤出用于其他任何用途。因此，就可能会发生指定用途资金对原有资金的替代，这就被称为替代效应。粘蝇纸效应（flypaper effect）指的是支持特定项目的资金会被用于指定的用途，就像粘蝇纸一样将其牢牢粘在事先规定用途之上。而且，即使存在替代性的问题，仍然有部分支出会"粘在"目标用途上。

其一，专款制对其所支持项目支出的影响。理论上，由于替代效应的存在，专款专用并不会增加其支出，而由于粘蝇纸效应专款专用可能会增加其支出。既然理论上存在两种相对立的假说，就有必要通过实证数据来检验到底存在怎样的效应。对于这一经验实证问题，仅有少数文献做过考察，而且与理论分析相对应，得出的实证结论也是矛盾的。戴伊和麦圭尔（Dye and McGuire，1992）考察了专款专用对教育、高速路以及州对非学区地方政府补助支出的影响，结果并不明确，在一种设定下发现对高速路支出有较小的影响，而对州补助支出有较大影响，在另一种设定下则没有影响，在两种设定下对教育支出都没有影响。内斯比特和克雷伏特（Nesbit and Kreft，2009）发现专款专用制对高速路支出增加有稳健的影响，1 美元的高速路收入会增加 94 美分的高速路支出。阮洪和邓库姆（Nguyen-Hoang and Duncombe，2012）发现专款制有利于减少高速路支出的波动性。克罗利和霍弗（Crowley and Hoffer，2012）通过实证得出结论，由于替代性问题，大部分的专用收入对于增加其目标领域的支出无效。

其二，除了对专款支持项目支出的影响之外，也有研究探讨了专款专用对政府整体（支出）规模的影响。阿瑟纳萨科斯（Athanassakos，1990）在一系列严格假设的基础上通过理论推导证明，统收统支下的预算规模总会比专款专用下的要大或者至少相等，也就是说专款制可以控制政府规模。并且，在其假设之下这种结论是确定的，以前的研究之所以会得出模棱两可的结果，关键在于微观层面的假设存在不相容的问题。相反的证据是，克罗利和霍弗（2012）的实证结论认为"利维坦"式的政府会利用专用收入的替代效应增加与目标用途无关的支出，进而扩大了政府的总体规模。

在各国的预算实践中，统收统支的一般基金大多占主体地位，政府的大部分支出都是通过一般基金（预算）安排的，这就意味着指定用于支持特定支出项目的专用收入（earmarked revenue）很可能替代原来该项目源自一般基金（预算）的资金。正是因为替代性问题，实践中决策者可能会利用专款专用规则增加一般基金（预算）支出和政府的总规模。我国的政府性基金预算资金属于专款专用的资金，而一般公共预算资金则属于政府可以统筹使用自由支配的资金。而且，目前我国政府性基金预算与一般公共预算的界限并不严格，各自的定位还不是很清晰，分工也不是很明确。其突出的表现就是在同一用途上两本预算存在重叠交叉，而同一项目可以多头要钱，多头支出。在这种情况下，有必要研究政府性基金预算与一般公共预算的关系，并在实证上检验二者之间是否存在理论上的替代效应或粘蝇纸效应。

2.2.2 关于预算基金制的相关文献[①]

与私人部门一样，公共部门的经济活动其实也涉及资源的获取、分配和使用，公共部门也会有收入和支出事务的处理，与私人部门不同的是政府采用基金制，政府所有的收入和支出都是通过基金处理（张四明、方清风，2003）。有很多国家和地区的预算安排采用基金制（funding），典型的如美国。

（1）基金或基金制的含义。

美国公认会计原则（GAAP）提供了有关基金的定义：依照特别法规、约束或限制，为执行特定业务或达成一定目标，分开记录的现金或其他财务资源，以及一切相关的负债与剩余权益或余额及其变动，由一套自相平衡的账目所构成的独立的财务和会计主体（张四明、方清风，2003）。从以上定义可以看出基金是一个政府财务会计概念，它是一个独立的、自我平衡的账户系统，用来核算那些依照特别规则、约束和限制而被分离出来用于特定目的的资源。

（2）采用基金制或设立基金的原因。

早在20世纪初期，美国的州和地方政府经常发生财政资金管理不善，甚至财政腐败等违法行为，因此饱受指责。批评者认为，导致这些问题的原因是落后的财务预算制度。批评者主张政府应当将他们的财政资源予以分离，以确保资金仅仅用在经批准的用途之上。于是，政府开始设立单独的现金账户用来管理资源。但是，随着现金管理技术的提高，已经没有必要再使用多重现金账户。不过，政府却发现了对特定资源设置专门账户来管理的价值。

[①] 以下文献资料主要来自美国财务官协会编著的《政府会计、审计和财务报告》（2011）。

如此，早期的现金账户逐渐转变为政府至今仍在使用的基金，以确保和证明其对法律的遵从。

从以上对美国基金制历史的考察可以看出，基金的主要目的是帮助政府确保和证明其遵守了公共资源的相关限制，尤其是法律限制。这些限制包括：使用公共资源时重要的法律限制、外部资源提供者施加的某些限制、政府在受托范围内代表政府之外的个人和组织所管理资源时（如养老金基金）受到的限制、立法要求将专门收入用于特定目的的限制。公共部门的管理者在使用资源时，确保并且证明遵守这些限制是非常重要的。

受托责任（accountability，亦可译为"可问责性"）则是对政府在财政资源的获取、分配和使用上遵从法律等限制的一个简单概括。一般将受托责任进一步分为：财政受托责任（fiscal accountability）和运营受托责任（operational accountability）。财政受托责任指的是政府证明其当期活动遵守了短期（通常是一个预算周期或一年）有关公共资金收入和支出的公共决策的责任；运营受托责任指的是政府对其使用所有可得资源、有效和高效地实现运营目标的程度，以及是否能够在可预见的将来继续实现目标进行报告的责任。受托责任理念要求政府能够证明其行为符合预算资源的使用限制。因此，受托责任是采用基金制的最重要的原因。

（3）设置基金数目的原则。

政府的预算管理可以采用基金制，那么设置多少基金才合适呢？这就涉及政府设置基金数目的原则问题。美国政府会计全国委员会（NCGA）第一号公告申明了基金数目的基本原则：在充分考虑自身特殊环境的前提下，政府应当采用尽可能少的单个基金。因为不必要的基金会导致预算管理缺乏弹性、过于复杂和无效率。因此，政府应充分评估各个基金项目设置的必要性，对已经设立的基金还要定期评估。

（4）预算基金制的实践。

美国是最典型的采用基金制的国家。美国州和地方政府的基金分为三大类：政务基金（governmental funds）、权益基金（proprietary funds）和信托基金（fiduciary funds）。其中，政务基金用于支持政府的政务活动，政务基金包括：一般基金（general funds）、特别收入基金（special revenue funds）、偿债基金（debt service funds）、资本项目基金（capital projects funds）和永久性基金（permanent funds）。其中，一般基金是州和地方政府的主要运营资金。一般基金的收入并不规定特定的用途，或者说供一般用途之用。特别收入基金用于报告限定的特殊目的的特定来源收入。对特别收入基金的采用基本上采取自愿而并非强制原则，也就是说即使符合定义条件政府也可以不采用特别收入基金。尽管如此，特别收入基金的使用依然非常普遍。特别收入基金的普及反映的是政府总是希望避免把受限制的收入包含在一般基金内，而是单独提供有关受限制收入来源和使用方面的信息。

GAAP申明一般基金是用于报告除规定应在其他基金中予以报告的资源以外的所有财务资源。由此可以推断：除非存在强制性的原因①，要求一项活动必须由其他类别的基金予以报告，否则一个政府的所有活动都应当由一般基金予以报告。这其实是基金数目原则在实务中的运用。政府收入除归属于特种基金外，均应归属于一般基金，凡是特种基金支出之外的一切支出均由一般基金支出（蔡茂寅，2008）。

佩塔斯尼克（2009）也指出美国联邦政府预算的基本原则是统收统支，即收入有不同的来源，并按照国会决定的需求在不同项目之间分配支出，而其他采用专款专用原则的基金（如信托基金）是基本原则的例外。美国预算预设的资金提供机制是一般基金拨款（general fund appropriations），所以信托基金的支持者就必须说明为什么这样行不通。

从以上预算实践中，我们可以看出专款专用基金的使用反映的是例外原则，即如果不是必须，尽量不采用专款专用的基金。因为采用特殊的账户管理特殊的资源，如果不采取例外原则，就会导致基金项目林立，管理复杂。因此，例外原则这一条对我国政府性基金预算的管理有很重要的指导意义。

2.2.3 国内关于基金预算②的相关文献

"基金"（fund）一般是指为了某种目的而设立的具有一定数量的资金或专门用于某种特定目的并进行独立核算的资金。对于"基金预算"（fund budget），《财经大辞典》③给出的定义是：对有一定来源和专门用途的资金所编制的专门预算，该定义强调的是以专门或独立的账户来核算有特定来源和特定用途的资源。

对"基金预算"直接进行分析的文献比较少，而且关于"基金预算"的文章多在20世纪90年代以前，集中在对建立我国的复式预算结构模式的探索和探讨上。但是自1994年《预算法》和《预算法实施条例》确定了政府

---

① 这些强制性的原因至少有三种：GAAP的规定、法律的规定、财务管理的需要。
② 此处的基金预算不是对政府性基金预算的简称。
③ 何盛明. 财经大辞典 [M]. 中国财政经济出版社，1990.

公共预算、国有资产经营预算、社会保障预算和其他预算的复式预算体系或结构以后,这种讨论逐渐变少。

叶振鹏、杨柳(1985)认为可以通过立法建立以基金预算为主体的预算外资金管理制度,通过建立基金预算制度可以有效地控制预算外资金规模增长较猛的势头。他们建议设置多种专项基金,如能源交通建设基金、城市公用事业建设基金,对每一项基金相关部门和单位都要编制包含资金来源、规模、支出方向等的专门预算,再由计划和财政部门来审核。

董大胜(1987)建议改革当时的预算编制形式,实行复式预算。他建议各级政府都要设置和编制经常预算、投资预算和特种基金预算。经常预算收入主要靠税收,支出可用于教科文卫,以及政府和军队等的运转维持支出;投资预算收入主要靠经常预算的盈余和发行债务的收入,支出主要用于生产建设和债务还本付息。特种基金预算中央和地方政府可以不一样,中央可以设置能源交通重点建设基金,地方政府可以将预算外管理的城市建设维护费等作为地方的特种基金预算。

高美祥(1987)论证了当时在我国实施复式预算的可行性,他认为预算的真谛在于管理,并且建议建立特别基金预算,与经营预算与投资预算一起组成一个经营管理型国家预算体系。

王开国、张馨(1989)通过对国外复式预算的经验进行研究发现,日本一般会计预算与特别会计预算的经验最适合我国,应该借鉴。他们建议把我国的复试预算编制为"三预算"的形式,主要包括政府经常收支预算、专项的基金预算和特种的基金预算三大类。

吴俊培(2009)认为按预算收入的性质划分,政府预算可以分为一般预算和基金预算。政府预算是政府经济职能的货币收支表达,理想状态下可以按照马斯格雷夫效率、公平和稳定的三大经济职能("三职能说")分别编制资源配置预算、收入分配预算和经济稳定预算。然而,在实践中政策目标与目标之间,以及目标与工具之间的关系比较复杂,不可能分别设置三个分预算。所以,实际政府预算都是首先从预算收支总量上考虑,然后再考虑收入的具体来源和支出的具体去向。政府预算收入一般不会预先规定相应的支出方向,支出要根据各种因素综合安排。按照这种方法编制的政府预算称为一般预算。与之相对应,基金预算是指按照预先规定的预算支出目标和收入来源编制的预算。基金预算在政府预算中是一个稳定的收支概念,必然缩小政府统筹安排的空间,因此一般预算是政府预算的主体,基金预算只是其补充,基金预算的数量和规模应该被严格控制。

吴俊培（2012）进一步指出基金预算是收支对称的预算，即预算收入来源有专门的渠道，支出用于专门的项目。一般来说，基金预算支出项目的受益对象比较明确，可以采用使用者费或"费改税"方式筹集资金。但是，基金预算的数量不宜太多。

蔡茂寅（2008）提出基金方式是构成预算的根本，是预算必不可少的一部分。可以将所有的财政收入统称为一个大基金，普通基金和特种基金是其两种形式。税收是普通基金的主要收入来源，除此之外还包括其他的规费、罚款、财产、公债和赊借收入等，其支出用作一般用途。

以上的文献从时间上可以分为两大类，一类是在建立政府性基金预算之前的文献，另一类是在政府性基金预算建立之后的文献。从关于基金预算的早期文献可以看出，学者们都是围绕着我国复式预算结构体系的建立而展开的讨论和设想，要么是要加强对预算外资金的管理将其纳入预算体系而建立基金预算制度，要么就是在借鉴国际经验的基础上结合我国的国情建立基金预算，被称为"特别（或特种）基金预算"或"专项基金预算"。而在政府性基金预算建立之后，学者们开始从对政府预算合理分类的角度切入对基金预算的分析和研究。从对政府预算的分类可以看出基金预算是政府预算的重要组成部分，但是这种分类有广义和狭义之分。广义的一种分法认为基金是预算结构的基础（如蔡茂寅），政府预算就是基金预算，进而将其分为普通基金预算和特种基金预算；狭义的一种分法是将预算分为一般预算和基金预算（如吴俊培）。其实，这两种分法是相通的，是可以对应起来的，狭义的基金预算对应于广义的特种基金预算。另外，一种调和的做法就是将这种分类与我国现行的复式预算体系挂钩，将其分为公共预算和基金预算（如熊伟），然后再将"四本预算"分别进行归类。

2.2.4 国内关于政府性基金预算的相关文献

国内对政府性基金预算的研究基本上围绕着政府性基金概念界定、性质划分、政府性基金预算的功能与定位、政府性基金预算的管理、政府性基金预算的发展趋势等几个问题展开。

（1）政府性基金的界定。

熊伟（2012）指出政府性基金不是一种特有的财政现象，但是却别具中国特色。根据陈发源（2012）和饶星（2013）的总结，关于政府性基金的界定有官方和学术界两种表述体系。

官方文件的表述，前文已经详述。学术界的研究表述，根据饶星（2013）的总结，研究者们从各个角度对政府性基金进行研究并归纳出其概念，总结出其性质。孙志（1998）认为政府性基金具备三个特点，即资金的财政性、政府的主体性以及用途的特定性。王为民（2007）认为政府性基金是为支持特定的产业或者公共事业发展依据法律法规，凭借政府权力和政府荣誉向公民、法人及社会组织收取的具备专门用途的财政性资金。寇铁军（2009）对政府性基金的概念、特点等进行了研究，得出的定义与王为民的相似。刘剑文等（2009）关于政府性基金的概念更为简洁明了，与前面所述基本一致。徐宗燚（2010）也提出了他的个人观点，他认为政府性基金是间接与被征收主体发生关系的，具有强制性、目的性，是一种具有代表性的"准税收"。那些认为政府性基金是为了加强管理和监督社会经济和资源、征收补偿性费用从而向社会提供特定服务的说法是不对的。通过这些研究的综述还可以发现，政府性基金有两种口径：一种是以全国政府性基金目录为基础，主要内容就是目录中的内容；另一种是以扩大政府性基金的外延为基础，凡是归属于政府性基金预算管理的所有项目都属于政府性基金的内容。

（2）政府性基金预算功能和定位问题。

对于政府性基金预算功能的定位多是基于与一般公共预算功能定位的比较，与整个政府预算体系关系很大。熊伟（2012）通过比较认为一般公共预算的收入主要是税收，支出具有"充分的开放性"，即只要有必要资金可以用于任何用途，他将这一特点总结为"一般性款项、一般性用途"，而政府性基金预算与之形成鲜明的对比，具有"专款专用"的特点，收入来源特定支出方向特定，专款专用就是政府性基金预算的预算特质。田俊荣（2011）总结认为政府性基金预算用于支持建设，而一般公共预算用于支持民生，并且正是因为政府性基金预算建设功能定位，才使得一般公共预算与建设脱钩转向重点支持民生，不过他还指出政府性基金预算也萌生了"民生导向"。邓秋云和邓力平（2016）从《预算法（2014年）》的界定出发，认为一般公共预算与政府性基金预算的功能各有侧重，前者"主管民生、兼顾发展"，而后者侧重于发展职能，这体现出了财政发展性与建设性的关系。岳红举和单飞跃（2018）认为应当建立一般公共预算支撑基本公共服务、政府性基金预算支撑特定公共事业的预算体系。

（3）政府性基金预算管理问题。

马新智等（2009）关注到政府性基金预算管理中的预算松弛的问题。他们首先对预算松弛及其原因的一般理论进行了分析，指出预算松弛是一种机会主义行为，预算责任人在确定和编制预算的时候故意低于自己预期能力，完成任务时故意降低收入或产能的数量；相反，对成本和资源进行过高的估计。他们用委托代理理论和组织松弛理论来解释这一现象。他们还分析了政府性基金预算松弛的测算指标，并对新疆维吾尔自治区的实际情况进行了分析。通过前面的研究测算进一步去探讨其原因，主要可能有以下几个方面：一是环境的变化使预算和实际之间的差异变大，属于组织松弛理论；二是预算管理水平的问题，目前来看预算管理的水平有待提高，这属于技术性问题；三是人为造成的，有些预算责任人故意造成预算松弛，从中取得好处，这属于委托代理理论。当然，其中最重要的原因是机会主义行为。

王璟谛（2010）以广西壮族自治区为例研究了与政府性基金预算相关的管理问题。他指出，政府性基金预算的管理是需要加强的，且意义重大，主要原因在于：其一，是依法理财的基本要求；其二，是构建科学完整的财政预算体系的客观要求；其三，对增强政府宏观调控能力具有现实意义。但是，现在的政府性基金预算存在管理不规范、编制不科学、执行效果差、缺乏监管等问题。

杨晖和赵早早（2013）对政府性基金的管理历史变迁脉络进行了梳理，确定了比较清晰的内涵和外延，通过与现代公共预算理论和原则的要求进行比较，找出其存在的问题和困惑，最后提出建立公开、透明、规范的政府性基金预算管理制度的政策建议。

郑坚（2014）结合上海市政府性基金预算管理实践的现实，分析了政府性基金预算管理中存在的问题和原因，并提出了改进政府性基金预算的对策和建议。

（4）政府性基金预算发展趋势问题。

张维（2015）认为在盘活存量资金和统筹资金使用的背景下，政府性基金预算不应再专款专用，而应纳入一般公共预算统筹用之于民。张斌（2015）建议未来应该将政府性基金预算改造为重大项目预算。唐仲和张绘（2016）认为在对政府性基金进一步清理和规范的基础上，政府性基金完全可以纳入一般公共预算，并最终取消政府性基金预算，届时四本预算的政府预算体系也将变为三本预算的结构体系。邓秋云和邓力平（2016）赞许对政府性基金预算改革的讨论和研究，但是反对取消政府性基金预算，他们认为政府性基金预算是中国特色财政的一个重要载体，应长期加以发展和利用。岳红举和单飞跃（2018）提出，如果在理论上对政府性基金预算与一般公共预算的统筹衔接没有清晰的认识就盲目调整，随意调入，有可能会"肢解"政府性基金预算，并导致政府性基金预算与一般公共预算的相互替代，这有违《预算法（2014年)》规定的完整、独立原则。

从以上文献可以看出，国内关于政府性基金及其预算的研究大多拘泥于政府性基金及其预算是中国特色的财政概念，对国外的理论研究借鉴还不够。而且，国内对政府性基金预算的研究多是规范分析，规范的实证分析比较缺乏，现有研究大多停留在描述性分析和讨论，鲜有采用规范的计量模型来分析政府性基金预算相关问题的研究。规范分析很重要，但是实证分析亦不可少，因为很多规范分析的结论需要实证分析来验证和说明。因此，本书在借鉴国外理论和方法的基础上将相关研究再往前推进一步，作出一点边际贡献。

第 3 章

政府性基金及其预算管理的制度演变

我国的政府性基金预算已经有 20 多年的历史，不过单个的政府性基金项目出现得更早。为了对政府性基金及其预算管理的来龙去脉有更清晰的认识，这里有必要对其产生、发展的历史过程进行简单的回顾。

"政府性基金"第一次正式出现在政府的文件中是在《关于加强预算外资金管理的决定》，文件规定将养路费、铁路建设基金等 13 项数额较大的政府性基金（收费）纳入财政预算管理。紧接着，政府开始设置与一般预算①相区别、相分离的政府性基金预算，并制定了《政府性基金预算管理办法》对纳入预算的政府性基金进行严格、规范的预算管理。此后，政府逐步将更多预算外管理的政府性基金项目纳入政府性基金预算管理，2002 年 7 月 1 日，财政部公布保留的 31 项政府性基金项目全部纳入预算管理。在 1996 年开始设立政府性基金预算对纳入预算管理的政府性基金项目进行专门管理之前，基本上所有的政府性基金项目都是作为预算外资金的一部分，收、支、用、管完全按照预算外资金的管理办法执行，具体的管理方式是财政专户或部门专户管理。

单个的政府性基金项目出现时，还没有"政府性基金"这一概念。从财政部《关于公布保留的政府性基金项目的通知》中的相关线索可知，我国在改革开放以前设置的政府性基金至少有三项，它们分别是农（牧）业税附加

---

① 一般预算即现在的一般公共预算。在财政部每年制定的《政府收支分类科目》（2007 年以前叫《政府预算收支科目》）中，一般公共预算在 2012 年以前叫"一般预算"，2012~2015 年叫"公共财政预算"，2016 年开始叫"一般公共预算"。政府性基金预算，在 2011 年以前叫"基金预算"，2011 年开始叫"政府性基金预算"。为了贯彻落实《预算法（2014 年）》，并且不至于引起误解，本书严格按照《预算法（2014 年）》中的命名来称呼一般公共预算和政府性基金预算。这里由于是历史制度演变考察，所以沿用一般预算的叫法。

（1958年）、城镇公用事业附加（1964年）和育林基金（1972年）。在改革开放之前，政府性基金项目很少。这一时期设置的政府性基金项目有两个明显的特点，其一，从名称上就可以看出这些基金都是比较典型的政府性基金，分别是附加税、附加费和基金；其二，项目的存续时间都很长，农（牧）业税附加存续48年（2006年全面取消）、城镇公用事业附加存续53年（于2017年取消），育林基金则是在2016年将其征收标准降为0，至少存续45年①。

由于本书的研究对象是政府性基金预算，所以从政府性基金的预算管理制度演变这个角度来分析。为了考察政府性基金的相关管理制度，本书全面梳理了1980年以来有关政府性基金及其预算管理的相关政策文件和制度规定，由于篇幅有限，对这些制度政策的归纳将以附录的形式放在附表2。以政府性基金预算管理改革的重大事件为标志，将1978年②改革开放以来政府性基金发展的历史时期分为三大阶段：第一阶段，预算外管理阶段（1978~1996年）；第二阶段，预算内外双重管理阶段（1997~2010年）；第三阶段，全面预算管理阶段（2011年至今）。

其中，第二阶段又可以细分为1997~2002年和2003~2010年两个时间段。分段的标志是2002年6月25日财政部发布《关于将部分政府性基金纳入预算管理的通知》，将公布保留的但尚未纳入预算的政府性基金项目纳入预算内管理。至此，政府已经将公布保留的政府性基金项目全数纳入预算内管理。不过，此后政府性基金预算的预算范围又进一步扩大，不断将更多的预算外管理的政府性基金项目纳入政府性基金预算管理。所以，如果以政府公布的政府性基金目录中的基金项目全部纳入预算管理为标志，这个分段的时间节点就在2002年，而1997~2002年则为政府性基金目录中的基金项目预算内外双重管理阶段。但是，如果以纳入预算管理的基金项目全部结束预算外管理为依据，将其全部纳入预算管理的时间是在2011年1月1日③，这

---

① 因为目前只是将征收标准降为0，并没有彻底取消，可能的原因是此基金是根据《森林法》设立的，如果要取消需要修改相关法律。

② 尽管中华人民共和国设立的政府性基金项目最早可以追溯到1958年设置的农（牧）业税附加。但是，财政部官方公布的《中国财政情况（2012—2013）》中的说法是"我国从20世纪80年代即开始设立了少量的基金"。而且1978年是中国改革开放元年，故本书以1978年作为制度考察的起始点。

③ 2011年1月1日起，将原来预算外管理的交通运输部集中的航道维护收入纳入政府性基金预算管理。在2011年政府收支分类科目02款政府性基金收入下加70项长江口航道维护收入。从2011年起，除了教育收费外我国不再存在预算外资金。

样来看1997~2010年则为预算内外双重管理的阶段。这里需要特别注意的是，教育费附加历来是全国政府性基金目录中的基金项目，但一直采取的是一般公共预算管理的方式，所以我们这里说的是纳入预算管理，而非纳入政府性基金预算管理，再加上2015年1月1日以来将部分原来为政府性基金预算所管理的项目，尤其是全国政府性基金目录中的基金项目转列到一般公共预算管理，我们就更加不能这样说了。

3.1 政府性基金预算外管理阶段（1978~1996年）

1978~1996年我国政府性基金总体上处在一个"放权发展"的阶段。这跟我国整个经济体制改革的步伐步调也是一致的，在这一时期，中央为了调动各方面的积极性对地方基本上是放权的态度，因此这一阶段对政府性基金的管理是相对松散的。这一时期我国对政府性基金一直都是采取预算外资金的管理办法，具体的管理方式是预算外财政专户或部门专户管理。

"文化大革命"结束以后，为了恢复和发展国民经济，各项事业建设都急需资金，但是与此同时我国的财政经济还存在诸多困难。此时，财政收入和税收收入占GDP的比重一直处于较低的水平，并且有不断下降的趋势。为了调动各方面增收节支的积极性，1980年中共中央、国务院发布了《关于节约非生产性开支、反对浪费的通知》，要求对行政、事业单位试行"预算包干"的办法，节余留用，增收归己，并且鼓励一切有条件组织收入的事业单位，都要积极挖掘潜力，从扩大服务项目中合理地组织收入，以解决经费不足的问题，促进事业的发展。在预算包干办法下，我国的预算外收入快速增加（见表3-1）。作为预算外资金的重要组成部分，政府性基金基本上也处于被鼓励发展的阶段。不过，这一时期各地区、各部门具体的政府性基金项目并没有详尽的资料可以参考。但是，我们可以通过后来的几次集中清理取消政府性基金的文件和最终保留下来的政府性基金项目的列表找到相关的线索。

据不完全统计，20世纪90年代以前我国政府性基金数量最多的时候有500项[1]，而到1995年底，我国各类基金总数约为690项[2]。按照作者的统计，

---

[1] 王为民. 关于完善我国非税收入管理问题的研究 [M]. 西南交通大学出版社, 2007: 55.
[2] 高培勇. "费改税"：经济学界如是说 [M]. 经济科学出版社, 1999: 98.

表3-1　　　　　　　　1978年前后税收与预算外收入状况

年份	税收收入（亿元）	增速（%）	预算外收入（亿元）	增速（%）	GDP（亿元）	税收/GDP（%）	预算外收入/GDP（%）
1976	407.96	—	275.32	—	2988.6	13.65	9.21
1977	468.27	14.78	311.31	13.07	3250	14.41	9.58
1978	519.28	10.89	347.11	11.50	3678.7	14.12	9.44
1979	537.82	3.57	452.85	30.46	4100.5	13.12	11.04
1980	571.70	6.30	557.40	23.09	4587.6	12.46	12.15
1981	629.89	10.18	601.07	7.83	4935.8	12.76	12.18
1982	700.02	11.13	802.74	33.55	5373.4	13.03	14.94

资料来源：EPS数据库。

截至1996年底我国的政府性基金数目多达670～677项①。由于都不是官方发布的数据，这些研究统计数字可能与实际情况有出入。如果暂时不管确切的政府性基金数目到底是多少，政府性基金的预算外管理阶段确实是我国政府性基金数量最多的时期。

根据作者搜集整理的相关资料统计计算（见表3-2），我国每年新设的政府性基金项目的数量经历了一个从少到多，又从多到少的过程。政府性基金项目数量设置较多的年份集中在1991～1995年，其中1994年达到高峰，这一年设置的基金数目多达117项。这样一个先增后减的过程，也恰好说明我国对政府性基金的管理经历了一个由放到收、先松后紧，由鼓励支持放权发展到约束限制规范发展的过程。除此之外，我国的政府性基金项目主要是由地方政府及其有关部门设置的，约占整个政府性基金项目数量的92.79%。不过，在清理整顿的过程中，取消的项目也大部分为地方政府及其有关部门设置的政府性基金项目，最终公布保留的项目绝大部分为国务院及相关部门设置的基金项目。这一点进一步印证了我国对政府性基金的管理由放到收、先松后紧的过程。

---

① 具体的计算办法见第4章第4.1节。我国政府性基金的数目到底是多少？对于这个问题在2002年以前未见官方答案，而以前的研究也很少考证这一问题。按照2016年1月30日国务院网站上公布的财政部副部长就清理规范政府性基金有关热点问题接受记者采访的报道，2000年我国的政府性基金项目数为327项。财政部自1997年开始，连续三年分三批公布取消一共437项政府性基金，分别是1997年217项、1998年147项、1999年73项。这三年新增的政府性基金项目数分别为：32项、37项和18项。因此，可以倒推出截至1996年底我国的政府性基金数目在670～677项之间，即327或320加上437减去87，取决于327是年初还是年末数。

表3－2　　　　　　　　政府性基金分年度新设数目情况

年份	国务院及有关部门设置	地方政府及其相关部门设置	加总	比重（%）
1958	1	—	1	0.13
1964	1	—	1	0.13
1972	1	—	1	0.13
1979	—	1	1	0.13
1980	—	1	1	0.13
1981	2	—	2	0.26
1982	—	2	2	0.26
1983	3	2	5	0.66
1984	2	5	7	0.92
1985	4	8	12	1.57
1986	1	6	7	0.92
1987	1	15	16	2.10
1988	2	26	28	3.67
1989	3	24	27	3.54
1990	1	35	36	4.72
1991	5	45	50	6.55
1992	4	88	92	12.06
1993	2	94	96	12.58
1994	3	114	117	15.33
1995	2	73	75	9.83
1996	4	34	38	4.98
1997	3	29	32	4.19
1998	3	34	37	4.85
1999	—	18	18	2.36
2000	1	6	7	0.92
2001	5	—	5	0.66
2002	1	—	1	0.13
无明确年份	—	48	48	6.29
加总	55	708	763	100
比重（%）	7.21	92.79	100	

注：因为某些年份没有公开可得的数据，因此表中年份并不连续。

资料来源：作者根据政府相关文件统计整理计算所得。主要有：《关于公布第一批取消的各种基金（附加、收费）项目的通知》《关于公布第二批取消的各种基金（附加、收费）项目的通知》《关于公布第三批取消的各种基金（资金附加收费）项目的通知》《关于公布取消部分政府性基金项目的通知》《关于公布保留的政府性基金项目的通知》。1979年是江西省的电费附加，1980年是山东省的农电发展基金。

这一时期的政府性基金对于整个国家经济社会发展以及重点领域和行业的建设发挥了重要的作用。但是，由于对政府性基金采取预算外财政专户或部门专户的管理方式，这些资金大多分散在部门或单位手上。相对于预算内管理的资金而言，这部分资金长期在预算外循环（体外循环）导致很多问题，如体外循环导致监督不力，预算外管理还会导致政府财力碎片化现象严重，这直接影响政府相关调控职能和分配职能的发挥。① 随着时间的推移，各地各部门设置和管理的政府性基金项目越来越多，征收的金额也越来越大。据统计，1995年各项收费和政府性基金收入高达3500多亿，相当于同期预算内收入的45%左右。一些地方和部门出现私自设立政府性基金项目的问题，政府性基金违规使用现象也经常出现，极易造成固定资产和消费基金膨胀。

由于对政府性基金的"放权发展"，政府性基金管理领域出现了"一放就乱"的现象和问题。不过，党和政府十分重视解决"三乱"现象，多次发文并开展治理乱收费等专项工作，取得了明显的效果。这些措施主要有制定《预算外资金管理试行办法》、制发《关于加强预算外资金管理的通知》、发布《关于坚决制止乱收费、乱罚款和各种摊派的决定》等。

随着对建立社会主义市场经济体制讨论的逐渐深入，为了适应市场经济条件下财政预算管理的需要，国家将原定的双元复式预算体系改进为多元预算体系，即把经常性预算和建设性预算发展为政府公共预算、国有资产经营预算、社会保障预算以及其他预算②。在随后的1994年《中华人民共和国预算法》中正式规定各级政府预算按照复式预算编制，并将复式预算的编制办法和实施步骤授权给国务院③。后来又在对各种基金进行清理登记④的基础上，连续发布了《关于加强预算外资金管理的决定》和《预算外资金管理实施办法》，并制发《政府性基金预算管理办法》确定从1997年1月1日起建立政府性基金预算来管理纳入预算的政府性基金。

---

① 李金华. 行政事业性收费与政府性基金管理审计手册［M］. 经济管理出版社，1997：前言.
② 1993年，十四届三中全会通过《关于建立社会主义市场经济体制若干问题的决定》。
③ 有人认为政府性基金预算就是"其他预算"，也有人认为它是由政府公共预算进一步细化分出来的，即"政府公共财政预算"进一步细分为"公共财政预算（一般公共预算）"和"政府性基金预算"（刘用铨，2014）。《中华人民共和国预算法实施条例》的规定在实践中确实是分步骤实施了，只是关于政府性基金预算的文件一直是由财政部制发的，如《政府性基金预算管理办法》和《政府性基金管理暂行办法》，而国有资本经营预算和社会保险基金预算的试行意见都是由国务院发的。这可能是个法律问题，此处不论。
④ 《国务院办公厅转发财政部、审计署、监察部对各种基金进行清理登记意见的通知》。

从 1978 年拉开改革开放的序幕到 1992 年确定建立社会主义市场经济体制，这是我国财政预算改革的重大背景。在这一大背景下，我国对政府性基金的设置、利用和管理的方向逐渐明朗化。为了与社会主义市场经济体制相适应，我国也建立起市场经济国家普遍采用的复式预算体系，并将预算外管理的部分政府性基金项目纳入预算管理，我国的政府性基金预算就这样应运而生了。

3.2 政府性基金预算内外双重管理阶段（1997～2010 年）

随着 1997 年 1 月 1 日建立政府性基金预算来管理部分纳入预算内的政府性基金项目，我国政府性基金的管理开始走上预算内和预算外双重管理的阶段。即部分政府性基金项目在预算内管理，部分政府性基金项目在预算外管理。这一时期政府性基金项目的具体管理方式有：预算内管理与预算外财政专户管理。这个阶段又可以分为两个小阶段：第一小阶段是 1997～2002 年，在清理整顿政府性基金项目的基础上将部分政府性基金项目逐步纳入预算管理，2002 年底，财政部公布保留的政府性基金项目全部纳入预算管理；第二小阶段是 2003～2010 年，在将所有政府性基金目录中的项目全部纳入预算管理的基础上，加强对政府性基金的管理，并进一步将更多的预算外项目纳入政府性基金预算管理，2011 年 1 月 1 日，航道维护收入被纳入政府性基金预算管理，政府性基金项目预算外管理彻底成为历史。

政府性基金预算内外双重管理阶段，围绕着政府性基金的管理主要有两个主题：一个是清理整顿规范政府性基金项目；另一个是继续将预算外管理的基金项目纳入预算管理。

3.2.1 第一小阶段（1997～2002 年）

1997 年，中共中央、国务院发布《关于治理向企业乱收费、乱罚款和各种摊派等问题的决定》，要求坚决取消不符合规定的基金项目，明确国务院和财政部规定之外的基金项目一律取消；还要求全面清理未按规定取消的基金项目，清理期间除法律法规规定之外，暂停审批新的基金项目；除此之外，决定还要求建立健全基金项目的审批管理制度。

在以上决定的基础上，财政部1997年至1999年连续三年分三次公布取消了三批基金项目。其中1997年的力度最大，取消的项目最多，共计217项，这批取消的项目是历年来各省（自治区、直辖市）以下各级政府及其部门，未按相关规定报请国务院或财政部批准，越权私自设置的各项基金；1998年取消了147项政府性基金，这些项目是国务院有关部门和各省（自治区、直辖市）政府及其相关部门，未按规定报经国务院或财政部批准越权私自设置或不合理应予以取消的各种基金；1999年取消了73项，这批次取消的各项基金，除了上述情况外，还包括不适应当时经济发展要求，应当停征的各项基金。

在取消部分政府性基金项目的基础上，2000年财政部又发布了《关于加强政府性基金管理问题的通知》强调政府性基金是财政资金，要实行收支两条线管理。紧接着发布了《关于清理整顿各种政府性基金的通知》要求各地各部门按照规定对政府性基金项目进行清理登记和审查。2001年财政部发布《关于进一步做好行政事业性收费和政府性基金管理工作的通知》要求加强政府性基金管理，严格政府性基金项目设立的审批权限。

2002年4月23日财政部发布《关于公布取消部分政府性基金项目的通知》，取消不适应社会主义市场经济发展要求和越权设立的政府性基金，共计277项。这是将部分政府性基金项目纳入预算管理之后，一次性取消项目最多的一次。同年5月20日，财政部发布了《关于公布保留的政府性基金项目的通知》这次通知将保留的政府性基金项目按性质进行了统一归类，最终公布保留了三大类31项政府性基金项目。

此外，财政部继续将部分预算外管理的政府性基金项目纳入预算管理。2000年财政部发布《关于将部分行政事业收费和政府性基金纳入预算管理的通知》将墙体材料专项基金、铁路建设附加费、地方教育附加、地方教育基金和适航基金（中央）不再作为预算外资金管理，一律按规定纳入各级财政预算（基金预算）。2002年6月25日，财政部发布《关于将部分政府性基金纳入预算管理的通知》，将公布保留的但尚未纳入预算的政府性基金项目纳入预算管理。至此，政府公布保留的政府性基金项目全部纳入预算管理。除以上措施外，财政部还通过票据管理和支出管理加强对政府性基金的管理①。

---

① 详见《关于加强中央单位行政事业性收费和政府性基金票据管理的通知》《财政部关于印发〈行政事业性收费和政府性基金票据管理规定〉的通知》《财政部关于对中央单位行政事业性收费和政府性基金票据及罚款票据进行年检的通知》《关于进一步加强政府性基金支出管理的通知》。

3.2.2 第二小阶段（2003~2010年）

自2004年《财政部关于发布全国政府性基金项目目录的通知》起，财政部每年都会对社会公布上一年度在全国范围征收的政府性基金项目的《全国政府性基金目录》①（以下简称"目录"）以便社会对其监督。该通知还规定凡未列入目录的政府性基金，各级各部门应立即停止征收，作为被征收对象的公民、法人和其他社会组织等有权拒绝支付。这对控制政府性基金项目的数量和规模发挥了重要的作用。因此，2003至2010年我国的目录基金数相对稳定。

在控制和稳定政府性基金目录中基金项目的基础上，政府进一步将预算外管理的政府性基金项目纳入预算管理，政府性基金预算的范围进一步扩大。2008年，中央财政外汇经营基金收入、中央财政外汇经营基金财务收入、彩票公益金收入纳入政府性基金预算管理，土地出让收入全额纳入政府性基金预算管理②。2010年，城市基础设施配套费收入、重大水利工程建设基金收入、车辆通行费、船舶港务费等纳入政府性基金预算管理。2011年1月1日起将交通运输部集中的航道维护收入纳入政府性基金预算管理③。随着最后一项预算外收入纳入政府性基金预算管理，我国政府性基金预算内外双重管理的时代彻底结束。

除此之外，对于政府性基金的管理还有其他一些措施，如政府开始将政府性基金归入非税收入。随后，政府在2006年的政府收支分类改革中将政府性基金收入列在非税收入类下的第一款之中。对于政府性基金支出则将原来按部门划分的办法改革为按支出功能分类。另外，国务院还在成品油价格和税费改革的基础上取消了公路养路费、航道养护费、公路运输管理费、公路客货运附加费、水路运输管理费和水运客货运附加费六项收费。

---

① 这其实可以看作2002年《财政部关于公布保留的政府性基金项目的通知》的延续，保留项目的通知公布的是：截至2002年5月，国家保留的政府性基金项目，而该目录公布的是：2003年全国范围内征收的政府性基金项目目录。

② 《关于2008年中央和地方预算执行情况与2009年中央和地方预算草案的报告》；2008年、2009年、2010年《政府收支分类科目》。

③ 2010年6月1日，财政部发布《关于将按预算外资金管理的收入纳入预算管理的通知》。

3.3 政府性基金全面预算管理阶段（2011 年至今）

自 2011 年 1 月 1 日将航道维护收入纳入政府性基金预算管理起，我国的政府性基金开始进入全面预算管理阶段，即所有的政府性基金项目全都纳入预算管理。这一阶段政府性基金预算项目的主要变化：一方面是政府性基金项目数量上的变化；另一方面是政府性基金预算与一般公共预算两者的统筹协调，这一变化发生在 2015 年 1 月 1 日之后，主要表现是将部分政府性基金预算管理的项目转列一般公共预算管理，还有就是将部分政府性基金收入直接调入一般公共预算。

从 2011 年开始，无论是目录基金还是政府性基金预算中包含的基金项目数都呈现出逐年递减的趋势。就目录基金而言虽然也有新增基金项目，然而这些新增项目主要是资源环境的相关基金，如可再生能源发展基金（2011 年）、船舶油污损害赔偿基金（2012 年）和废弃电子产品处理基金（2012 年）。目录基金数目减少的主要原因有以下几个方面：第一，一些基金项目到期停征，如江苏地方教育基金（2011 年 2 月 1 日）；第二，一些基金项目被取消：如南水北调工程基金（2014 年 9 月 6 日）、山西煤炭可持续发展基金（2014 年 11 月 30 日）、城市公用事业附加（2017 年 4 月 1 日）和（合并后的）新型墙体材料专项基金（2017 年 4 月 1 日）；第三，一些基金项目被合并，如机场建设管理费和民航基础设施建设基金合并为民航发展基金（2012 年 4 月 1 日），新型墙体材料专项基金与散装水泥专项资金合并为新型墙体材料专项基金（2016 年 2 月 1 日）；第四，征收标准降为零（即零征收）：新菜地开发建设基金（2016 年 2 月 1 日）和育林基金（2016 年 2 月 1 日）（见表 3-3）。

表 3-3　政府性基金预算项目的调整变化情况（2011~2017 年）

年份	政府性基金项目变化
2011	·纳入政府性基金预算管理：航道维护收入 ·新设：可再生能源发展基金 ·到期停征：铁路建设附加费（福建）、地方教育基金（江苏）、水资源补偿费（山西）和电源基地建设基金（山西）
2012	·新设：船舶油污损害赔偿基金和废弃电器电子产品处理基金 ·合并：将机场管理建设费和民航基础设施建设基金合并为民航发展基金

续表

年份	政府性基金项目变化
2013	无变化
2014	·取消：北京、天津、江苏、山东与河南的南水北调工程基金；山西煤炭可持续发展基金
2015	·合并：将大中型水库后期移民扶持基金、大中型水库库区基金、三峡水库库区基金以及小型水库移民扶助基金合并为水库移民扶持基金 ·转列一般公共预算管理：地方教育附加、文化事业建设费、残疾人就业保障金、从地方土地出让收益计提的农田水利建设和教育资金、转让政府还贷道路收费权收入、育林基金、森林植被恢复费、水利建设基金、船舶港务费以及长江口航道维护收入
2016	·合并：将大中型水库后期移民扶持基金、跨省大中型水库库区基金和三峡水库库区基金合并为中央水库移民扶持基金；将省级大中型水库库区基金、小型水库移民扶助基金合并为地方水库移民扶持基金；将新型墙体材料专项基金与散装水泥专项基金合并为新型墙体材料专项基金 ·转列一般公共预算管理：水土保持补偿费、政府住房基金、无线电频率占用费、铁路资产变现收入以及电力改革预留资产变现收入 ·零征收：新菜地开发建设基金；育林基金
2017	·转列一般公共预算管理：新增建设用地土地有偿使用费、南水北调工程基金以及烟草企业上缴专项收入

资料来源：历年《政府收支分类科目》、历年《全国政府性基金项目目录》。

2014年修正通过的预算法，于2015年1月1日正式实施。《预算法（2014年）》是财政乃至经济领域里的根本大法，它正式确立了政府性基金预算的预算法地位。而且，《预算法（2014年）》还对政府性基金预算的概念、性质以及预算编制原则作出了原则性的规定。除此之外，《预算法（2014年）》还强调政府性基金预算在保持自身完整独立的基础上，应当与一般公共预算相衔接。

为了落实《预算法（2014年）》中关于政府性基金预算与一般公共预算相衔接的要求，目前国家已经分三次将政府性基金预算管理的项目转列至一般公共预算管理。第一次是2014年财政部发布《关于完善政府预算体系有关问题的通知》将11项用于提供基本公共服务以及主要用于人员和机构运转等方面的政府性基金收支项目转列到一般公共预算。第二次是2015年6月，国务院印发《推进财政资金统筹使用方案》（以下简称"方案"），从2016年1月1日起将5项基金转列一般公共预算。第三次是《国务院关于编制2017年中央预算和地方预算的通知》，进一步推进财政资金统筹使用，加大政府性基金预算转列一般公共预算力度，从2017年1月1日起，将新增建设用地土地有偿使用费、南水北调工程基金、烟草企业上缴专项收入由政府性基金预算调整转列为一般公共预算。除了将政府性基金预算管理项目调入一般公共预算管理外，还将部分政府性基金预算的资金直接调入一般公共预算，如2015年6月国务院印发的《推进财政资金统筹使用方案》规定对政府性基金预算结转资金规模超过该项基金当年收入30%的部分，应补充预算稳定调节基金统筹使用。

3.4 本章小结

本章通过对政府性基金及其预算管理历史的考察，展现了认识政府性基金及其预算管理的相对清晰的制度变迁背景。可以看出，政府性基金设立的初衷主要是为了解决"文化大革命"之后百废待兴而财力不足的矛盾。为了筹集经济建设和社会事业发展的资金，政府设立政府性基金并将其作为预算外资金来管理。在政府的积极鼓励和大力支持下，政府性基金的项目数量和资金规模迅速膨胀，一方面对经济和社会事业的发展起到了重大促进作用，另一方面也加重了居民和企业的负担，一度还出现了一放就乱的现象。于是政府就开始采取一系列治理和整顿措施，此后政府性基金管理开始逐渐走向由乱而治、规范化和法治化的轨道。

另外，市场经济要求对政府收支进行全面的监督和管理，最好的办法就是将政府所有的收入和支出都纳入政府预算管理。在中国市场化经济体制建立的过程中，这种全口径的政府预算管理理念越来越受到政府和社会大众的重视和青睐。在多元复式预算体系下，我国通过建立政府性基金预算将部分政府性基金项目纳入预算管理，取得了一定的成效。为了适应中国特色社会主义市场经济体制的建立这一变化，我国的政府性基金预算应运而生。此后，在对政府性基金清理整顿的基础上，我国政府将更多的政府性基金由预算外管理纳入预算管理，并经过预算内和预算外双重管理的阶段，最终走上全面预算管理的新阶段。

最后，在政府性基金全面预算管理的新阶段，随着《预算法（2014年）》的修订和实施，包括政府性基金预算在内的中国式的全口径的复式预算体系正式在预算法中得到确立[①]。这是中国政府首次以预算法的形式明确

[①] 尽管1994年预算法也指出建立复式预算体系，但是并未明确其具体内容，随后的《预算法实施条例》虽然给出了其具体内容，但是政府性基金预算却不在其列。

四本预算的结构体系，政府性基金预算作为政府预算体系的重要组成部分，其地位和作用也首次得到预算法的确认。尤其是《预算法（2014年）》还规定要保持政府性基金预算与一般公共预算相衔接。随后，政府通过一系列的政策措施加大了政府性基金预算项目和资金转列和调入一般公共预算力度，将部分原属于政府性基金预算管理的项目转列到一般公共预算管理，尤其是将全国政府性基金目录中的项目转列到一般公共预算管理，带来了理论和现实的新挑战。

  正是以上的制度背景，为我们提供了一系列的可供研究的对象和问题。本书将结合政府性基金预算及其预算管理实践，在后续部分集中研究和回答几个重要的焦点问题。

第 4 章

政府性基金预算规模、结构与经济增长效应的实证分析

为了对我国政府性基金预算的规模和结构有一个全景式的概览,这一章将集中分析我国政府性基金预算规模与结构的现状,并在此基础上考察政府性基金预算收支规模对我国经济增长的影响。

在研究中我国的政府性基金有两个口径:一个是全国政府性基金目录里列示的项目,可以将其称作目录基金,也可以将其称作狭义的政府性基金;另一个是纳入政府性基金预算管理的项目,这些项目既包括绝大部分目录基金,也包括一些非目录基金,因此我们将其称为广义的政府性基金。狭义的政府性基金项目与广义的政府性基金项目这二者并不完全重合。在 2015 年以前,全国政府性基金目录中所列项目除了教育费附加外其余的项目全都纳入政府性基金预算管理。但是,自 2015 年 1 月 1 日起共有 6 项目录基金转列入一般公共预算管理[①]。另外,政府性基金预算中也还有部分非目录基金。本书研究的主要是政府性基金预算,所以既包括目录基金,也包括非目录基金。目前可以公开获取的数据也是政府性基金预算的数据。

4.1 我国政府性基金预算的规模

4.1.1 政府性基金及其预算的项目数量

我国政府性基金历来都存在项目多而杂、项目与项目之间差异性大的特

---

① 根据《关于完善政府预算体系有关问题的通知》的要求,从 2015 年 1 月 1 日起,将基金目录中的地方教育附加、文化事业建设费、残疾人就业保障金、育林基金、森林植被恢复费、水利建设基金 6 项基金从政府性基金预算转列一般公共预算,主要是因为这些项目用于提供基本公共服务以及主要用于人员和机构运转等方面的支出。

点。要研究我国的政府性基金问题，首先有必要搞清楚历史上我国政府性基金的数目到底是多少？对于这个问题 2002 年以前未见官方答案，并且以前的研究也很少考证这一问题。按照 2016 年 1 月 30 日国务院网站上公布的财政部副部长就清理规范政府性基金有关热点问题接受记者采访的报道①，2000 年我国的政府性基金项目数为 327 项。财政部自 1997 年开始，连续三年分三批公布取消共 437 项政府性基金，分别是 1997 年 217 项、1998 年 147 项、1999 年 73 项。这三年新增的政府性项目数分别为：32 项、37 项和 18 项。因此，可以倒推出截至 1996 年底，我国的政府性基金数目在 670~677 项之间②。由此可见，我国历史上政府性基金项目之多，负担之重。为了解决这一问题，我国政府相继采取了一系列清理整顿措施。目前，无论是狭义的政府性基金数目，还是广义的政府性基金数目都显著降低，已达历史最低水平。

自 2002 年起，财政部每年都会公布全国政府性基金项目目录清单，2002 年以后的政府性基金目录中的项目数见表 4 - 1 第一列。从表 4 - 1 中我们还可以看出，2002~2009 年我国的目录基金数相对稳定，从 2010 年开始无论是目录基金还是政府性基金预算中包含的基金项目数都呈现出逐年递减的趋势。政府性基金预算中基金项目数减少的原因除了目录基金减少外，主要是因为一批基金项目从政府性基金预算转列入一般公共预算管理，财政部 2015~2017 年分三年三个批次累计将 19 项政府性基金转列至一般公共预算管理。每年转列的项目数见表 4 - 1 最右一列。每一批的转列原因和依据也不相同：2015 年转列的 11 项基金是用于提供基本公共服务以及主要用于人员和机构运转等方面的项目，因为这些支出本该由一般公共预算来满足；2016 年转列的 5 项基金是政府性基金预算中未列入政府性基金目录清单的收入项目；2017 年转列的 3 项基金是进一步推进财政资金统筹使用，加大政府性基金预算转列一般公共预算力度③。经过以上几次转列之后，目前还保留在政

---

① 政府性基金如何清理规范——财政部副部长史耀斌就有关热点问题答记者问。http：//www. gov. cn/zhengce/2016 - 01/30/content_5037445. htm。

② 327（或 320）加上 437 减去 87，取决于 327 是年初还是年末数。这一数目与以前的研究一样，是非完全统计，但是本书的数据来自官方发布，具有一定可靠性。

③ 2015 年转列的是：地方教育附加、文化事业建设费、残疾人就业保障金、从地方土地出让收益计提的农田水利建设和教育资金、转让政府还贷道路收费权收入、森林基金、森林植被恢复费、水利建设基金、船舶港务费、长江口航道维护收入 11 项基金。2016 年转列的是：水土保持补偿费、政府住房基金、无线电频率占用费、铁路资产变现收入、电力改革预留资产变现收入 5 项基金。2017 年转列的是：新增建设用地土地有偿使用费、南水北调工程基金、烟草企业上缴专项收入 3 项基金。表 4 - 1 右数第二列中 2015 年的 7 项基金中有 6 项是当年从基金预算转入的；最右一列中 2015 年的 11 项基金中有 6 项为目录基金。

府性基金预算中管理的非目录基金①主要包括与土地相关的收入（通常被称为"土地类政府性基金"）、中央投资有限责任公司上缴的经营收益、彩票类、受益者付费、污染者付费等。

表4-1　　　　　　　　　　全国政府性基金数目

年份	基金目录中基金项目数	基金预算中基金项目数	纳入基金预算的目录基金数	纳入基金预算的非目录基金数	纳入一般预算管理的目录基金数	从基金预算中转列一般预算的基金项目数
2002	31(9+14+8)	—	—	—	—	—
2003	31(7+15+9)	—	—	—	—	—
2004	33(10+15+8)	—	—	—	—	—
2005	33(10+15+8)	—	—	—	—	—
2006	34(11+15+8)	—	—	—	—	—
2007	34(11+14+9)	—	—	—	—	—
2008	34(11+15+8)	—	—	—	—	—
2009	34(12+15+7)	—	—	—	—	—
2010	32(10+14+8)	48(13+20+15)	31	17	1	0
2011	29(10+10+9)	47(11+21+15)	28	19	1	0
2012	30(11+10+9)	45(14+16+15)	29	16	1	0
2013	30(11+10+9)	45(14+16+15)	29	16	1	0
2014	28(10+9+9)	45(14+15+16)	27	18	1	0
2015	25(8+8+9)	37(12+12+13)	18	19	7(1+6)	11
2016	23(9+7+7)	30(10+12+8)	16	14	7	5
2017	21(8+5+8)	26(9+11+6)	14	12	7	3

注：表中左起第2、3列数据是中央、地方以及中央和地方共享项目数三者之和。政府性基金预算中基金项目数以及纳入基金预算的非目录基金数都包括其他项。由于未能找到2013年与2014年的全国政府性基金目录，此处的基金目录数目是根据当年全国性政府性基金收支决算表与前后年份全国政府性基金目录清单比对的结果，以及相关政府性基金政策取消调整的文件，如《财政部、国家发展改革委、水利部、国务院南水北调办关于南水北调工程基金有关问题的通知》（自2014年9月6日已完成基金上缴任务的北京市、天津市、江苏省、山东省、河南省取消基金，河北省基金筹集期延长五年。从2014年起，河北省要将欠缴的基金46.1亿元分五年均衡上缴中央国库）以及《关于全面清理涉及煤炭原油天然气收费基金有关问题的通知》（山西省2014年12月1日起取消煤炭可持续发展基金）。

资料来源：历年《全国政府性基金项目目录》或《全国政府性基金目录清单》、历年《中国财政年鉴》以及历年《政府收支分类科目》或《政府预算收支科目》。

---

① 目前，还在政府性基金预算中管理的非目录基金项目主要有：国有土地使用权出让金收入、国有土地收益基金收入、农业土地开发资金收入、中央特别国债经营基金财务收入、彩票公益金收入、彩票发行和销售机构业务费收入、车辆通行费收入、污水处理费收入以及其他政府性基金收入等。

4.1.2 政府性基金预算的收支规模

政府性基金预算收入规模主要有以下几个特点：第一，收入规模大，占同期税收收入和一般公共预算收入比重高。2010～2016年政府性基金预算收入总量有所波动，既有增加也有减少。除了2012年和2015年有所减少之外，其他年份均在增加，总体规模依然很大。2010～2016年，政府性基金平均收入为44578.13亿元，政府性基金占同期税收和一般公共预算的收入比重较高，平均比重分别为42.29%和36.02%，但是总体上呈现递减的趋势。第二，收入规模增速有所波动，有些年份增速较快，有些年份增速慢，甚至出现负增长，尤其是2015年，收入总量在前一年的基础上大幅下滑，增速为-21.76%。可能的主要原因有两点：一是2015年以来部分基金项目从政府性基金预算转列一般公共预算管理；二是土地类基金收入大幅下滑，而且后者可能是最主要和根本的原因。第三，土地类政府性基金特别是国有土地出让金收入是构成政府性基金收入的主要部分，2010～2016年土地类政府性基金和国有土地出让金收入占政府性基金预算收入的比重平均分别为79.69%和74.55%，这样的比例是非常高的，会导致一个问题，就是政府性基金收入对土地类政府性基金收入的过度依赖，如果土地类政府性基金收入出现较大的波动，政府性基金收入也会随之波动进而影响其收入的稳定性，从表4-2中我们确实可以发现这个问题，它们的增速波动趋势几乎是一致的（见图4-1），这一点还可以印证我们上面关于2015年政府性基金增速大幅下滑的原因的猜测。

表4-2 全国政府性基金预算收入规模

项目	2010年	2011年	2012年	2013年	2014年	2015年	2016年
政府性基金收入（亿元）	36785.02	41363.13	37534.90	52268.75	54113.65	43338.14	46643.31
增速（%）	—	12.45	-9.26	39.25	3.53	-21.76	10.17
其中土地类政府性基金（亿元）	30397.14	33477.00	28892.30	41638.36	42949.61	32796.69	37687.00
增速（%）	—	10.13	-13.70	44.12	3.15	-23.64	14.91
其中国有土地使用权出让金收入（亿元）	28197.70	31140.42	26691.52	39142.03	40479.69	30783.80	35639.69

续表

项目	2010年	2011年	2012年	2013年	2014年	2015年	2016年
增速（%）	—	10.44	-14.29	46.65	3.42	-23.95	15.77
税收收入（亿元）	73210.79	89738.39	100614.28	110530.70	119175.31	124922.20	130360.73
增速（%）	—	22.58	12.12	9.86	7.82	4.82	4.35
一般公共预算收入（亿元）	83101.51	103874.43	117253.52	129209.64	140370.03	152269.23	159604.97
增速（%）	—	25.00	12.88	10.20	8.64	8.48	4.82
政府性基金收入/税收收入（%）	50.25	46.09	37.31	47.29	45.41	33.89	35.78
政府性基金收入/一般公共预算收入（%）	44.27	39.82	32.01	40.45	38.55	27.80	29.22
土地类政府性基金/政府性基金（%）	82.63	80.93	76.97	79.66	79.37	77.46	80.80
国有土地出让金收入/政府性基金（%）	76.66	75.29	71.11	74.89	74.80	72.71	76.41

注：表中数据为决算数。土地类政府性基金是新增建设用地土地有偿使用费、国有土地使用权出让金、国有土地收益基金与农业土地开发资金四项之和。在地方政府性基金收入决算表中将这四项收入称作国有土地使用权出让收入。

资料来源：财政部官网。

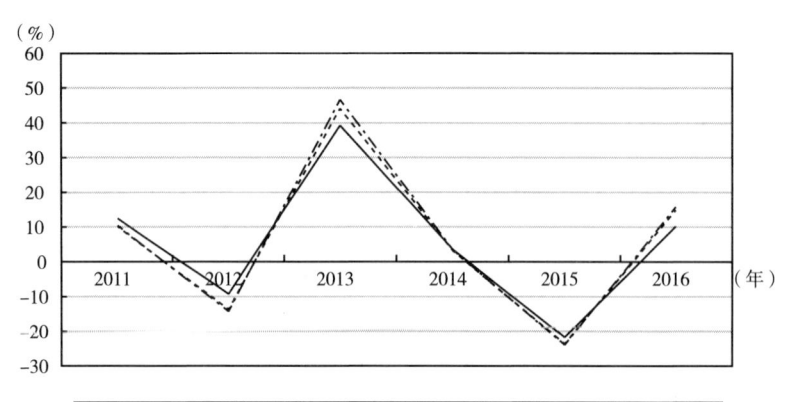

图4-1 政府性基金预算收入增长趋势

因为政府性基金预算支出采取以收定支的原则,所以与政府性基金预算收入规模一样,政府性基金预算支出规模也很大(见表4-3)。2010~2016年的平均值为43059.82亿元,占一般公共预算支出比重相对于政府性基金预算收入占一般公共预算的比重要低,历年平均值为31.74%,土地类政府性基金支出占比大,历年平均值为80.87%,其中,国有土地出让金支出比重为75.87%。政府性基金支出增长波动趋势与土地类政府性基金支出波动趋势一致(见图4-2)。而且通过对比图4-1和图4-2我们还可以发现,全国政府性基金预算收入和支出、土地类政府性基金预算收入和支出以及国有土地使用权出让金收入和支出的增长趋势高度一致,都呈现出W型走势。政府性基金预算收入与支出的增长趋势一致反映的正是以收定支、专款专用预算原则。

表4-3　　　　　　　　　　全国政府性基金预算支出规模

项目	2010年	2011年	2012年	2013年	2014年	2015年	2016年	平均
政府性基金支出(亿元)	33951.16	39946.61	36330.87	50500.86	51463.83	42347.11	46878.32	43059.82
增速(%)	—	17.66	-9.05	39.00	1.91	-17.71	10.70	7.09
土地类政府性基金支出(亿元)	28305.95	33172.16	28608.46	40884.72	41236.33	32899.57	38526.94	34804.88
增速(%)	—	17.19	-13.76	42.91	0.86	-20.22	17.10	7.35
国有土地出让金支出(亿元)	26622.12	31052.26	26663.87	38265.60	38700.72	30612.75	36722.08	32662.77
增速(%)	—	16.64	-14.13	43.51	1.14	-20.90	19.96	7.70
一般公共预算支出(亿元)	89874.16	109247.80	125953.00	140212.10	151785.60	175877.80	187755.20	140100.80
增速(%)	—	21.56	15.29	11.32	8.25	15.87	6.75	13.17
政府性基金支出/一般公共预算支出(%)	37.78	36.57	28.84	36.02	33.91	24.08	24.97	31.74

续表

项目	2010年	2011年	2012年	2013年	2014年	2015年	2016年	平均
土地类政府性基金支出/政府性基金支出（%）	83.37	83.04	78.74	80.96	80.13	77.69	82.18	80.87
国有土地出让金支出/政府性基金支出（%）	78.41	77.73	73.39	75.77	75.20	72.29	78.33	75.87

注：表中数据为决算数。
资料来源：财政部官网。

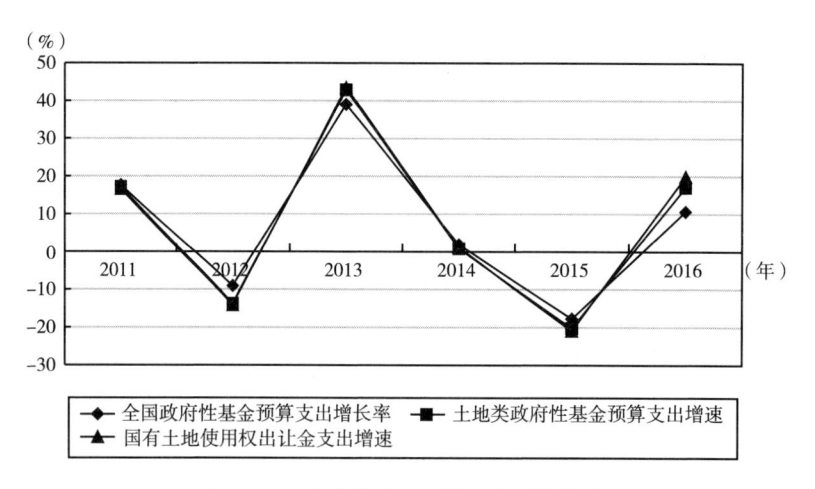

图4-2 政府性基金预算支出增长趋势

4.2 我国政府性基金预算的结构

4.2.1 政府性基金预算的归属结构

（1）政府性基金预算收支总量归属结构。

本书将从收入和支出两个方面考察我国政府性基金在中央和地方之间的归属问题。这里值得注意的是政府性基金在中央和地方之间的转移支付问题，否则容易导致重复计算。在考察政府性基金收入的时候，地方政府性基金收入是包括中央对地方的转移支付收入的，地方政府本级收入才是要考察的对象。但是，中央政府性基金收入是不包含地方上解收入的。在考察政府性基金支出的时候，中央政府性基金支出包含中央对地方的转移支出，因此存在中央本级政府性基金支出的概念。地方政府性基金支出不包含上解中央的支出。综上，在考察政府性基金收入与支出归属结构时，需要注意转移支付的问题，而不用考察上解的问题。这是由我国的财政统计习惯和制度决定的。这里也提示了一个问题，即通常在研究转移支付问题时，指的是一般公共预算中的转移支付问题，其实在政府性基金预算中也存在转移支付的问题。如果数据允许，也需要对政府性基金预算中的转移支付问题进行考察。但是，现在研究者基本上不考虑这个问题。这也说明我们对政府性基金预算的研究还是很薄弱的，有很多问题有待进一步研究，主要原因是政府性基金预算信息的数据资料非常缺乏。

在收入归属上，中央收入比重小，地方本级收入比重大，收入大多归属地方政府所有（见表4-4）。地方本级政府性基金预算收入占全国政府性基金预算总收入的90%以上，2010~2016年的平均值是91.51%，而中央政府则仅占8.49%。而且，从政府性基金预算收入与一般公共预算收入之比可以看出，中央政府财政收入对政府性基金预算收入的依赖程度较低，而地方政府却严重依赖政府性基金预算收入。不过，无论是中央政府还是地方政府这一比例总体都在降低。

表4-4　　　　　　　　　　政府性基金预算收入归属结构

项目	2010年	2011年	2012年	2013年	2014年	2015年	2016年	平均
全国政府性基金收入（亿元）	36785.02	41363.13	37534.90	52268.75	54113.65	42338.14	46643.31	44435.27
中央政府性基金收入（亿元）	3175.75	3130.82	3318.16	4238.44	4108.08	4118.19	4178.12	3752.51
地方本级政府性基金收入（亿元）	33609.27	38232.31	34216.74	48030.31	50005.57	38219.95	42465.19	40682.76
中央政府性基金转移支付（亿元）	732.70	946.62	1179.46	1420.18	1355.62	1338.93	1110.12	1154.80

续表

项目	2010年	2011年	2012年	2013年	2014年	2015年	2016年	平均
地方政府性基金收入（亿元）	34341.97	39178.93	35396.20	49450.49	51361.19	39558.88	43575.31	41837.57
中央收入/全国收入（%）	8.63	7.57	8.84	8.11	7.59	9.73	8.96	8.49
地方本级收入/全国收入（%）	91.37	92.43	91.16	91.89	92.41	90.27	91.04	91.51
转移支付/地方政府性基金收入（%）	2.13	2.42	3.33	2.87	2.64	3.38	2.55	2.76
中央一般公共预算收入（亿元）	42488.47	51327.32	56175.23	60198.48	64493.45	69267.19	72365.62	59473.68
地方本级一般公共预算收入（亿元）	40613.04	52547.11	61078.29	69011.16	75876.58	83002.04	87239.35	67052.51
中央基金收入/一般预算收入（%）	7.47	6.10	5.91	7.04	6.37	5.95	5.77	6.37
地方基金收入/一般预算收入（%）	82.75	72.76	56.02	69.60	65.90	46.05	48.68	63.11

资料来源：财政部官网。

地方本级政府性基金预算收入占比大的原因：一是归属地方的基金项目在全国政府性基金收入中占比很大，如土地类政府性基金项目的收入是地方政府性基金的主体收入；二是归属于地方政府的基金项目数比归属于中央政府的基金项目数多。

在政府性基金预算支出的归属结构上，中央本级政府性基金预算支出占比小，地方政府性基金预算支出占比大，政府性基金支出的主体主要在地方政府。而且，中央政府性基金预算支出中有较大一部分都是用于对地方的转移支付（见表4-5）。

表4-5 政府性基金预算支出归属结构

项目	2010年	2011年	2012年	2013年	2014年	2015年	2016年
全国政府性基金支出（亿元）	33951.16	39946.61	36330.87	50500.86	51463.83	42347.11	46878.32
中央本级政府性基金支出（亿元）	2284.05	2156.86	2175.17	2759.28	2963.87	3024.49	2889.86
中央对地方政府性基金转移支付（亿元）	732.70	946.62	1179.46	1420.18	1355.62	1338.93	1110.12
中央政府性基金支出（亿元）	3016.75	3103.48	3354.63	4179.46	4319.49	4363.42	3999.98
地方政府性基金支出（亿元）	31667.11	37789.75	34155.70	47741.58	48499.96	39322.62	43988.46
中央本级支出/全国支出（%）	6.73	5.40	5.99	5.46	5.76	7.14	6.16
地方支出/全国支出（%）	93.27	94.60	94.01	94.54	94.24	92.86	93.84
转移支付/中央政府性基金支出（%）	24.29	30.50	35.16	33.98	31.38	30.69	27.75

资料来源：财政部官网。

（2）政府性基金预算项目归属结构。

除了分析政府性基金预算总的收入和支出数量在中央和地方之间的归属外，还可以分析分别归属于中央和地方的基金项目。

这里以2016年的数据来分析中央和地方收支归属项目分布（见表4-6）。2016年纳入政府性基金预算管理的政府性基金收入项目一共有30项，其中属于中央政府的有10项，属于地方政府的有12项，属于中央和地方共用的8项。通过分析，我们发现中央的政府性基金收入项目主要集中在中央特别国债经营基金、可再生能源电价附加、彩票公益金、铁路建设基金、烟草企业上缴专项收入、民航发展基金、国家重大水利工程建设基金、中央水库移民扶持基金、新增建设用地有偿使用费、港口建设费、中央农网还贷资金、彩票发行和销售机构业务费、废弃电器电子产品处理基金、核电站乏燃料处理处置基金、旅游发展基金、国家电影事业发展专项资金、南水北调工程基金、船舶油污损害赔偿基金，这些项目都是关乎国计民生而且外溢性很强的重大项目。属于地方的政府性基金项目主要是国有土地使用权出让金、车辆通行费、城市基础设施配套费、国有土地收益基金、彩票公益金、其他、新增建设用地土地有偿使用费、污水处理费、城市公用事业附加、农业土地开发资金、彩票发行和销售机构业务费、新墙体材料专项基金、地方水库移民

表4-6　　　　2016年中央和地方的政府性基金收入项目

	中央收入项目	金额（亿元）	地方收入项目	金额（亿元）
1	中央农网还贷资金	127.52	地方农网还贷资金	32.34
2	铁路建设基金	394.11	海南省高等级公路车辆通行附加费	20.58
3	民航发展基金	344.03	港口建设费	41.36
4	港口建设费	161.24	新墙体材料专项基金	104.07
5	旅游发展基金	12.32	国家电影事业发展专项资金	15.86
6	国家电影事业发展专项资金	9.55	新菜地开发建设基金	2.78
7	新增建设用地有偿使用费	207.95	新增建设用地土地有偿使用费	472.03
8	南水北调工程基金	1.63	南水北调工程基金	4.86
9	中央水库移民扶持基金	281.06	城市公用事业附加	269.46
10	中央特别国债经营基金	682.79	国有土地使用权出让金	35639.69
11	彩票公益金	528.67	国有土地收益基金	1189.57
12	国家重大水利工程建设基金	306.29	农业土地开发资金	177.76
13	核电站乏燃料处理处置基金	15.64	彩票公益金	542.14
14	可再生能源电价附加	647.84	城市基础设施配套费	1332.86
15	船舶油污损害赔偿基金	1.40	地方水库移民扶持基金	57.43
16	废弃电器电子产品处理基金	26.10	国家重大水利工程建设基金	57.19
17	烟草企业上缴专项收入	375.41	车辆通行费	1437.86
18	彩票发行和销售机构业务费	54.57	彩票发行和销售机构业务费	168.51
19			污水处理费	370.12
20			其他	528.72
	总额	4178.12	总额	42465.19

资料来源：财政部官网。

扶持基金、国家重大水利工程建设基金、港口建设费、地方农网还贷资金、海南省高等级公路车辆通行附加费、国家电影事业发展专项资金、南水北调工程基金、新菜地开发建设基金，这些项目的地方属性比较强，地方受益色彩明显。另外，归属于地方的政府性基金项目要比归属于中央的多。

4.2.2　政府性基金预算的项目结构

将 2010~2016 年每年政府性基金项目按收入总额从高到低进行排序，截取排名前十三的基金项目（见表4-7）。通过表4-7发现国有土地使用权出让金收入是历年所有政府性基金项目中收入最多的一项。还发现一个值得思考的问题，在所有的政府性基金项目排序中，其他政府性基金收入在2010年排在第13位，此后连续六年进入前十位，而且2015年第7位，2014年第8位，2012年和2016年都是第9位，2011年和2013年都是第10位。最说不清楚的其他项目在所有政府性基金项目中排名居前，这说明我国政府性基金预算编制有待细化。另外，排名前十位的基金项目总金额已经占到所有基金项目的90%以上，这说明政府性基金金额在各个项目上的分布是不均匀的，各个项目的重要程度也是不一样的，政府对其依赖程度也是不一样的。少数几个基金项目已经提供了政府性基金总额的绝大部分收入，说明政府性基金的项目结构有待调整优化。

表4-7　　　　　　　　政府性基金预算收入项目结构

排名	2010年	2011年	2012年	2013年	2014年	2015年	2016年
1	国有土地使用权出让金收入	国有土地使用权出让金收入	国有土地使用权出让金收入	国有土地使用权出让金收入	国有土地使用权出让金收入	国有土地使用权出让金收入	国有土地使用权出让金收入
2	国有土地收益基金收入	车辆通行费收入	车辆通行费收入	车辆通行费收入	车辆通行费收入	车辆通行费收入	车辆通行费收入
3	新增建设用地土地有偿使用费收入	国有土地收益基金收入	新增建设用地土地有偿使用费收入	国有土地收益基金收入	国有土地收益基金收入	城市基础设施配套费收入	城市基础设施配套费收入
4	车辆通行费收入	新增建设用地土地有偿使用费收入	地方教育附加收入	城市基础设施配套费收入	城市基础设施配套费收入	国有土地收益基金收入	国有土地收益基金收入

续表

排名	2010年	2011年	2012年	2013年	2014年	2015年	2016年
5	中央特别国债经营基金财务收入	城市基础设施配套费收入	国有土地收益基金收入	地方教育附加收入	地方教育附加收入	彩票公益金收入	彩票公益金收入
6	铁路建设基金收入	中央特别国债经营基金财务收入	城市基础设施配套费收入	新增建设用地土地有偿使用费收入	彩票公益金收入	新增建设用地土地有偿使用费收入	中央特别国债经营基金财务收入
7	城市基础设施配套费收入	地方教育附加收入	彩票公益金收入	彩票公益金收入	新增建设用地土地有偿使用费收入	其他政府性基金收入	新增建设用地土地有偿使用费收入
8	彩票公益金收入	铁路建设基金收入	铁路建设基金收入	中央特别国债经营基金财务收入	其他政府性基金收入	中央特别国债经营基金财务收入	可再生能源附加电价收入
9	铁路资产变现收入	彩票公益金收入	其他政府性基金收入	铁路建设基金收入	中央特别国债经营基金财务收入	政府住房基金收入	其他政府性基金收入
10	水利建设基金收入	其他政府性基金收入	中央特别国债经营基金财务收入	其他政府性基金收入	铁路建设基金收入	可再生能源附加电价收入	铁路建设基金收入
11	地方教育附加收入	水利建设基金收入	水利建设基金收入	水利建设基金收入	可再生能源附加电价收入	铁路建设基金收入	烟草企业上缴专项收入
12	国家重大水利工程建设基金收入	国家重大水利工程建设基金收入	国家重大水利工程建设基金收入	烟草企业上缴专项收入	水利建设基金收入	国家重大水利工程建设基金收入	国家重大水利工程建设基金收入
13	其他政府性基金收入	农业土地开发资金收入	城市公用事业附加收入	政府住房基金收入	政府住房基金收入	烟草企业上缴专项收入	民航发展基金收入

4.2.3 政府性基金预算项目的支出功能分布结构

在2007年政府收支分类改革以前，政府性基金预算支出是按部门设类，类下再按政府性基金项目设款。例如，2006 年的政府性基金预算支出分为：工业交通部门基金支出、商贸部门基金支出、文教部门基金支出、农业部门基金支出、土地有偿使用支出、政府住房基金支出、其他部门基金支出、地方财政税费附加支出以及基金预算调拨支出。2007 年收支分类改革以后，以前按照部门分类的政府性基金预算支出，重新按照支出功能进行分类，这样可以清晰地知道政府性基金预算支出都集中干了哪些事情，同时也可以弱化政府性基金部门化的倾向，以前部门分类，导致很多部门将归属其下的政府性基金看作"自留地"，是可以自由支配使用的自有资金。按照新的功能分类方法，则可以追踪到政府性基金预算项目的具体支出领域（见表 4-8）。从表 4-8 中可以看出，经过 2007 年的政府收支分类改革，我国的政府性基金预算的支出功能主要集中于教育、文化体育与传媒、社会保障与就业、城乡社区事务、农林水事务、交通运输、工业商业金融等事务以及其他 8 个方面。

表 4-8　政府性基金预算支出部门分类与功能分类的对比

2006 年部门支出分类	基金项目	2007 年功能支出分类
工业交通部门	三峡工程建设基金支出（215）、养路费支出（214）、公路客货运附加费支出（214）、铁路建设基金支出（214）、民航基础设施建设基金支出（214）、港口建设费支出（214）、民航机场管理建设费支出（214）、下放港口以港养港支出（214）、烟草商业税后利润支出（215）、散装水泥专项资金支出（215）、邮政补贴专项资金支出（215）、墙体材料专项基金支出（215）、铁路建设附加费支出（214）、煤代油基金支出（215）、农网还贷资金支出（215）、能源建设基金支出（215）、水客货运附加费支出（214）	214 交通运输 215 工业商业金融等事务
商贸部门	外贸发展基金支出（215）、国家茧丝绸发展风险基金支出（215）	215 工业商业金融等事务
文教部门	文化事业建设费支出（207）、地方教育附加支出（205）、地方教育基金支出（205）、国家电影事业发展专项资金支出（207）	205 教育 207 文化体育与传媒
农业部门	新菜地开发基金支出（213）、育林基金支出（213）、灌溉水源灌排工程补偿费支出（213）、中央水利建设基金支出（213）、地方水利建设基金支出（213）、库区维护建设基金支出（213）、农业发展基金支出（213）、水资源补偿费支出（213）、森林植被恢复费支出（213）、南水北调工程基金支出（213）	213 农林水事务
土地有偿使用支出	城市土地开发建设支出（212）、耕地开发专项支出（212）、农业土地开发支出（212）、其他土地有偿使用支出（212）	212 城乡社区事务

续表

2006 年部门支出分类	基金项目	2007 年功能支出分类
政府住房基金	—	212 城乡社区事务
其他部门	旅游发展基金支出（215）、援外合资合作项目基金支出（215）、对外承包工程保函风险专项资金支出（215）、残疾人就业保障金支出（208）、转让政府还贷道路收费权支出（214）、帮困资金支出、其他基金支出	208 社会保障和就业 214 交通运输 215 工业商业金融等事务
地方财政税费附加支出	农牧业税附加支出、城镇公用事业附加支出（212）、燃油附加费支出（214）、其他附加支出	212 城乡社区事务 214 交通运输

注：表中三位数代码为《政府收支分类科目》中的支出功能分类的类级科目代码。

表 4-9 反映了政府性基金预算资源在各个支出功能上的分布以及各个支出功能对政府性基金预算资源的依赖程度。从 2016 年政府性基金预算支出功能分布可以看出，政府的全部政府性基金预算支出集中分布于科学技术支出、文化体育与传媒支出、社会保障和就业支出、节能环保支出、城乡社区支出、农林水支出、交通运输支出、资源勘探信息等支出、商业服务业等支出、金融支出以及其他支出。而且，在各个功能支出上的分布是不均匀的，支出金额从高到低依次是：城乡社区支出、交通运输支出、其他支出、金融支出、节能环保支出、农林水支出、社会保障和就业支出、资源勘探信息等支出、文化体育与传媒支出、商业服务业等支出以及科学技术支出。除此之外，从表 4-9 还可以看出各个支出功能对政府性基金的依赖程度也不同，从高到低依次是：城乡社区支出、金融支出、其他支出、交通运输支出、节能环保支出、资源勘探信息等支出、农林水支出、社会保障和就业支出、文化体育与传媒支出、商业服务业等支出以及科学技术支出。城乡社区支出之所以如此之高是因为其中包含了国有土地使用权出让金收入安排的支出，仅这一项支出就高达 30612.75 亿元，除此之外还有另外三项国有土地出让相关收入，三项之和有 2286.82 亿元，这四项收入之和为 32899.57 亿元，如果将其去除，则用于城乡社区的支出为 2024.82 亿元。

政府收支分类改革以后政府性基金预算支出与一般公共预算支出统一适用新的支出功能分类，表 4-10 反映出了政府性基金预算支出与一般公共预算支出功能相同和重叠的领域。从表 4-10 中我们可以发现，2007 年以来政府性基金预算的支出功能处在不断变化之中，这种变化的原因有两个方面：其一，政府性基金预算项目的变化；其二，政府支出功能分类的调整，主要是分类更加细化。尽管政府性基金预算的支出功能在不断地调整变化，但是主

第4章 政府性基金预算规模、结构与经济增长效应的实证分析

表 4-9　　按支出功能分类的政府性基金预算资源分布

功能	基金项目	基金支出金额（亿元）	基金总支出（亿元）	功能支出占总支出比重（%）	一般预算支出（亿元）	基金支出与一般预算支出之比（%）	基金总支出与一般预算支出之比（%）
206 科学技术支出	核电站乏燃料处理处置基金支出	4.32	4.32	0.01	5862.57	0.07	0.07
207 文化体育与传媒支出	国家电影事业发展专项资金支出	17.76	17.76	0.04	3076.64	0.58	0.58
208 社会保障和就业	大中型水库移民后期扶持基金支出	403.63	420.40	0.99	19018.69	2.12	2.21
	小型水库移民扶助基金支出	16.77				0.09	
211 节能环保支出	可再生能源电价附加收入安排的支出	579.60	633.57	1.50	4802.89	12.07	13.19
	废弃电器电子产品处理基金支出	53.97				1.12	
212 城乡社区支出	政府住房基金	377.94	34924.39	82.55	15886.36	2.38	219.84
	国有土地使用权出让金收入	30612.75				192.70	
	城市公用事业附加	316.46				1.99	
	国有土地收益基金	1036.88				6.53	
	农业土地开发资金	155.88				0.98	
	新增建设用地土地有偿使用费	1094.06				6.89	
	城市基础设施配套费	1153.64				7.26	
	污水处理费	176.78				1.11	

续表

功能	基金项目	基金支出金额	基金总支出	功能支出占总支出比重	一般预算支出	基金支出与一般预算支出之比	基金总支出与一般预算支出之比
213 农林水支出	新菜地开发建设基金	8.71	492.09	1.16	17380.49	0.05	2.83
	大中型水库库区基金	49.67				0.29	
	三峡水库库区基金	11.02				0.06	
	南水北调工程基金	19.36				0.11	
	国家重大水利工程建设基金	403.33				2.32	
214 交通运输支出	海南省高等级公路车辆通行附加费	18.85	2522.66	5.96	12356.27	0.15	20.41
	车辆通行费	1538.74				12.45	
	港口建设付费	188.86				1.53	
	铁路建设基金支出	440.77				3.57	
	船舶油污损害赔偿基金支出						
	民航发展基金支出	335.44				2.71	
215 资源勘探信息等支出	散装水泥专项资金支出	8.97	232.02	0.55	6005.88	0.15	3.86
	新墙体材料专项基金支出	51.45				0.86	
	农网还贷资金支出	171.60				2.86	
216 商业服务业等支出	旅游发展基金支出	9.73	9.73	0.02	1747.31	0.56	0.56
217 金融支出	中央特别国债经营基金支出	682.87	682.87	1.61	959.68	71.16	71.16

第4章 政府性基金预算规模、结构与经济增长效应的实证分析

续表

功能	基金项目	基金支出金额	基金总支出	功能支出占总支出比重	一般预算支出	基金支出与一般预算支出之比	基金总支出与一般预算支出之比
229 其他支出	其他政府性基金支出	789.86	2369.15	5.60	3670.55	21.52	64.54
	彩票发行销售机构业务费支出	128.85				3.51	
	彩票公益金支出	1095.44				29.84	
	烟草企业上缴专项收入支出	355.00				9.67	
总计		42308.96	42308.96	100	90767.33	46.61	46.61

注：表中三位数代码为《政府收支分类科目》中的支出功能分类的类级科目代码。本书百分比数据，由于四舍五入原因整体数据可能不等于部分加总之和。全书同。

资料来源：财政部官网。

要的支出功能领域稳定不变，如城乡社区、交通运输、农林水、金融以及其他是政府性基金预算支出的重点，这一点可以结合表4-9来分析，以2016年的数据为例，以上列举项目的支出占政府性基金预算总支出的96.88%，即使去掉支出功能不明确的其他项，该比例也高达91.28%。

表4-10　　　　　　　　政府性基金预算支出功能的变化

年份	支出功能
2007	教育、文体传媒、社保就业、城乡社区、农林水、交通运输、工商金融等、其他
2008	教育、文体传媒、社保就业、城乡社区、农林水、交通运输、工商金融等、其他
2009	一般公共服务、教育、文体传媒、社保就业、城乡社区、农林水、交通运输、采掘电力信息、粮油物资储备及金融监管、其他
2010	一般公共服务、公共安全、教育、文体传媒、社保就业、城乡社区、农林水、交通运输、采掘电力信息、粮油物资储备管理、金融监管、其他
2011	一般公共服务、公共安全、教育、文体传媒、社保就业、城乡社区、农林水、交通运输、采掘电力信息、商业服务业、金融监管、其他
2012	一般公共服务、公共安全、教育、科技、文体传媒、社保就业、城乡社区、农林水、交通运输、采掘电力信息、商业服务业、金融监管、其他

续表

年份	支出功能
2013	教育、科技、文体传媒、社保就业、节能环保、城乡社区、农林水、交通运输、采掘电力信息、商业服务业、金融监管、其他
2014	教育、科技、文体传媒、社保就业、节能环保、城乡社区、农林水、交通运输、采掘电力信息、商业服务业、金融监管、其他
2015	教育、科技、文体传媒、社保就业、节能环保、城乡社区、农林水、交通运输、采掘电力信息、商业服务业、金融监管、其他
2016	科技、文体传媒、社保就业、节能环保、城乡社区、农林水、交通运输、采掘电力信息、商业服务业、金融监管、其他
2017	科技、文体传媒、社保就业、节能环保、城乡社区、农林水、交通运输、采掘电力信息、商业服务业、金融监管、其他

资料来源：历年《政府收支分类科目》。

4.2.4　政府性基金预算的地区结构

分析政府性基金预算的地区或地域结构至少可以从政府性基金预算项目及其规模的角度来分析，但是由于数据缺乏无法分析政府性基金预算项目的地区结构[①]，这里我们重点分析政府性基金预算收支规模的地区结构。并且，将政府性基金预算收支占一般公共预算收支的比重看作各个地区对政府性基金预算的依赖程度。严格来说，这种表述方法并不准确，因为二者属于政府预算体系中不同的预算，不能作比。各地对政府性基金预算的依赖度呈现出

[①]　有人可能会提出疑问，认为可以获取各省（自治区、直辖市）甚至是更低层级地方政府的土地出让收入，因为有很多针对土地财政的文献都在使用这一数据。其实，这里存在概念上的混淆，按照郭文华、张迪（2015）的总结，土地出让收入至少有三个不同的统计口径和内涵：第一个是国土资源部门统计的土地出让合同价款（可以在《中国国土资源统计年鉴》上找到相关数据）；第二个是由财政部门统计的国有土地使用权出让金收入（可以在《中国财政年鉴》上找到全国的总数）；第三个是土地出让纯收益（是扣除了相关成本的数据，此数据难以获得）。大家通常使用的地方政府层面的土地出让收入就是第一个口径的数据，而此处我们研究的是政府性基金预算，归属于政府性基金预算的则是第二个口径的数据，但是地方政府层级的该数据目前无法获得（只可以在每年的预算执行和草案报告中找到极少部分的数据）。此处的关键是由于多种原因，第一个口径和第二个口径的数据存在差别，一个可能的原因是合同价款或成交价款并非在当年全部缴库（谢旭人，中国财政管理［M］. 北京：中国财政经济出版社，2011）。笔者曾计算各省（自治区、直辖市）的土地出让成交价款与政府性基金预算总收入（其中包括了土地使用权出让金收入）的决算数，发现部分省份的比值大于1。所以，本书无法使用大家通常用来作为土地出让收入的成交价款来反映政府性基金预算的项目结构。

以下几个特点：其一，各地对政府性基金预算依赖度的差别比较大，无论收入还是支出，对政府性基金预算依赖度最大和最小的地方分别是浙江省和西藏自治区；其二，无论收入还是支出依赖度，呈现出的地理格局基本一致，即东中部地区对政府性基金预算的依赖度普遍高于西部地区；其三，沿海和沿江（长江）地区对政府性基金预算的依赖程度最高，这一特点在对政府性基金预算支出的依赖度上体现得尤其明显。

4.3 政府性基金预算收支规模对经济增长影响的实证检验

这一节将在对政府性基金预算收支规模和结构现状分析的基础上，集中考察政府性基金收支规模对经济增长的影响[①]。目前，很少有研究分析政府性基金预算收支规模对经济增长的影响。本书利用2010~2016年我国省级层面的面板数据对这一问题进行初步的尝试。

按照财政部发布的《中国财政情况（2012~2013）》的定位，政府性基金预算的基本政策目标是"支持重大基础设施建设、加强经济社会发展的薄弱环节和促进战略性新兴产业发展"[②]。因此，政府性基金预算对于经济和社会发展意义重大。那么政府性基金预算收支规模对经济增长的影响如何呢？直观上，政府性基金预算收入是整个经济的负担，可能会阻碍经济增长。但是，政府性基金预算支出可用于提供整个经济社会发展所需要的公共商品或服务以及准公共商品或服务，这些公共商品或服务既具有消费性又具有生产性，而且政府性基金预算的生产性支出偏向更强[③]。可以预期政府性基金预算收入对经济增长的影响可能为负，而政府性基金预算支出对经济增长的影响可能为正。

---

① 因为绝大部分省级层面的政府性基金预算收支结构的数据无法获得，所以无法分析政府性基金预算结构对经济增长的影响。大家可能会提出使用"土地出让收入"作为结构指标的建议和疑问，对此的回应参见上一条脚注。

② 《中国财政情况（2012~2013）》，国家预算体系之政府性基金预算：http://www.mof.gov.cn/zhuantihuigu/czjbqk1/ystx/201405/t20140505_1075145.html。

③ 例如，胡文骏、刘晔（2016）指出地方政府的生产性支出偏向主要来自政府性基金预算支出；杨鸿南（2014）按照普拉丹（2000）的关于政府支出职能的分类办法，得出政府性基金预算支出项目大部分属于经济服务支出，少部分属于社会服务，而支出金额上绝大部分属于经济服务支出。

4.3.1 变量与数据

（1）被解释变量。

经济增长（lnrpergdp）：这里用实际人均 GDP 的自然对数值表示。这样回归方程左手边（LHS）是自然对数值，根据回归方程右手边（RHS）的变量是否取自然对数，都可以很方便地作出经济增长率的解释[①]。这里的实际值是通过各省人均 GDP 指数计算实际人均 GDP。单位：元。

（2）核心解释变量。

政府性基金预算收入规模（lnrrevj）：这里用政府性基金预算收入决算数的实际值的自然对数表示。单位：亿元；

政府性基金预算支出规模（lnrexpj）：这里用政府性基金预算支出决算数的实际值的自然对数表示。单位：亿元。

政府性基金预算收支规模的数据采用各省 GDP 平减指数进行消胀处理，GDP 平减指数通过各省的 GDP 指数先计算出实际 GDP，然后再计算各省的 GDP 平减指数。另外，各省（自治区、直辖市）政府性基金预算收支规模的数据来源于相应省（自治区、直辖市）在其两会上提交的关于上一年度的预算执行情况和本年度预算草案的报告。报告中缺乏的部分省（自治区、直辖市）的少部分数据来源于该省（自治区、直辖市）的财政年鉴和统计年鉴。除此之外，还有少部分数据利用万得数据库等收集以及其他办法[②]补充。

（3）其他控制变量。

除了以上核心解释变量以外，还有其他影响经济增长的因素。一般而言，从经济增长的函数来看，经济增长主要取决于人力资本和物质资本等生产要素的积累以及全要素生产率的提高。除此之外，经济的开放程度以及城镇化水平也是影响经济增长的重要因素。以上这些因素都是在研究经济增长的文献中经常使用的变量，因此有必要把这些变量控制住。为了反映以上因素的影响，我们选取以下几个变量作为控制变量：

---

① 如果右手边的变量取自然对数则是对数到对数模型，表示解释变量变动一个百分点，因变量变动系数个百分点；如果右手边的变量没有取对数，则是线性到对数模型，只需要将解释变量前的系数乘以 100 即可。

② 例如，某年缺失一个省（自治区、直辖市）的数据，就使用全国地方本级政府性基金收入总和减去其他省（自治区、直辖市）数据之和。如果缺失多个省份（自治区、直辖市）数据，则利用前后年份平均数的比例将全国地方本级收入与其他省（自治区、直辖市）加总数据之差在多个地区之间分配。

人口自然增长率（popgrowth）：等于人口出生率减去死亡率。单位:‰；

失业率（unemployment）：用城镇登记失业率表示。单位:%；

人均受教育程度（education）：用抽样人口比重的加权的平均受教育年限来表示，这里对未上过小学、初小、初中、高中和大专及以上的教育年限分别赋值为2年①、6年、9年、12年和16年。单位：年；

资本形成率（capital）：用资本形成总额与GDP的比重来表示。单位:%；

城镇化率（urban）：常住人口城镇化率，用各省的市人口和镇驻地聚集区人口占各省全部人口的比重来表示。单位:%；

贸易开放度（open）：用各省进出口总额占该省的GDP的比值来表示。需要根据人民币对美元的间接汇率（这里使用年度平均汇率）将以美元统计的贸易数据转化为人民币计价数据。单位:%。

以上数据均为2010~2016年的年度数据，其数据来源如果不做特别说明都来自EPS数据库和万得数据库。表4-11是主要变量的描述性统计。

表4-11　　　　　　　　变量的描述性统计

变量	样本数	平均值	标准差	最小值	最大值
lnrpergdp	217	10.580	0.455	9.482	11.660
lnrrevj	217	6.655	1.171	1.697	8.615
lnrexpj	217	6.676	1.097	2.357	8.641
popgrowth	217	5.407	2.773	-0.600	11.470
unemployment	217	3.353	0.652	1.210	4.500
education	217	8.539	0.826	5.006	10.520
capital	217	64.720	19.310	36.890	139.600
urban	217	54.430	13.760	22.670	89.600
open	217	26.790	29.960	1.344	145.700

资料来源：作者计算得出。

4.3.2　实证策略

内生性问题是实证模型必须考虑的重要问题。首先，遗漏变量是一类重要的内生性问题。根据豪斯曼（Hausman）检验，我们使用面板固定效应模

---

① 考虑到未上过小学的人口也具有一定的经验和技能，所以将其赋值为2年，而非0。

型，该模型可以控制那些无法观测且不随时间变化的个体固定效应。因此，可以在一定程度上解决遗漏变量导致的内生性问题。另外，除了遗漏变量会导致内生性问题之外，反向因果也可导致内生性问题。为了在一定程度上解决反向因果导致的内生性问题，我们将所有解释变量滞后一期作解释变量。这是一种常见的解决内生性问题的方法，如毛捷、管汉晖和林智贤（2015），格林和马约（Green and Mayo，2005）。当然，还有其他一些问题也会导致内生性问题，而且解决内生性问题还有其他更理想的办法，由于条件所限这里仅考虑这两类内生性问题，并简单地解决。

另外，为了在一定程度上克服自相关和异方差问题，本书在估计的时候还将标准误聚类到各个省（自治区、直辖市）层面。

4.3.3 结果与解读

从回归结果可以看出，无论是当期值作解释变量还是滞后期作解释变量（即对比表 4-12 与表 4-13 的结果）所得出的回归结果并无本质区别。从回归结果还可以看出，核心解释变量对因变量的影响基本上都是显著的。在分别单独考察政府性基金预算收入规模和政府性基金预算支出规模对经济增长影响的情况下，政府性基金预算收入规模对经济增长的影响为正，而政府性基金预算支出规模对经济增长的影响显著为正。当同时考察政府性基金预算收入规模和政府性基金预算支出规模的时候，政府性基金预算收入规模对经济增长的影响显著为负，而政府性基金预算支出规模对经济增长的影响显著为正。也就是说，政府性基金预算收入规模对经济增长的影响在考虑和不考虑政府性基金支出规模影响时，回归结果的符号是相反的；而政府性基金预算支出对经济增长的影响无论是否考虑政府性基金预算收入规模的影响，结果都显著为正。之所以出现这一结果可能的原因至少有以下两点：其一，政府性基金预算收入规模既是整个经济和社会的负担和成本，也是政府性基金预算支出的融资手段，是提供与政府性基金预算相关的（准）公共商品或服务的支撑和保障，一定程度上其收入衡量的是成本，而支出衡量的是收益（这在分析财政归宿，包括收入/负担归宿和支出/受益归宿时经常使用，如 Wulf，1975；Shah，2005；Terryn，2011），单独考察收入或支出规模影响时，并不能识别和分离出政府性基金预算规模的两种不同性质的影响；其二，政府性基金预算采用"以收定支、先收后支、收支平衡"的原则，在这一原则下政府性基金预算收入和支出在数据上具有较高的相关性。因此，在回归

第4章 政府性基金预算规模、结构与经济增长效应的实证分析

估计中软件可能无法将二者区别开来，如果同时将二者都纳入回归模型的话，则可以区别出各自的影响，而回归系数本身反映的就是在其他因素不变时（Ceteris Paribus）的边际影响。这里政府性基金预算收入规模的回归系数就是表示在其他因素不变时，尤其是在政府性基金支出规模不变时，增加政府性基金收入对经济增长的边际影响，同理，政府性基金预算支出规模的系数也作类似的解释。另外，因为政府性基金收入和支出规模都会对经济增长产生影响，从减少遗漏变量偏误的角度来看应该将二者一同纳入对经济增长影响的回归方程。因此，这里的回归以同时考虑政府性基金预算收支规模的回归结果为准，这就验证了前文所提出的假说，即政府性基金预算收入会阻碍经济增长，而政府性基金预算支出会促进经济增长。

表 4-12　政府性基金预算经济增长效应的回归结果 1

变量	(1) lnrpergdp	(2) lnrpergdp	(3) lnrpergdp	(4) lnrpergdp	(5) lnrpergdp	(6) lnrpergdp
lnrrevj	0.154* (2.00)	0.00944 (0.64)			-0.538** (-2.38)	-0.114*** (-3.27)
lnrexpj			0.298*** (3.67)	0.0342* (1.83)	0.861*** (3.98)	0.161*** (3.37)
popgrowth		-0.0172* (-1.88)		-0.0172* (-1.85)		-0.0151* (-1.72)
unemployment		-0.0579* (-2.04)		-0.0542** (-2.17)		-0.0546** (-2.31)
education		0.0777** (2.17)		0.0744** (2.28)		0.0652** (2.05)
capital		0.000712 (0.95)		0.000648 (0.87)		0.000354 (0.49)
urban		0.0534*** (18.55)		0.0529*** (18.10)		0.0518*** (19.06)
open		0.00581*** (4.25)		0.00578*** (4.36)		0.00581*** (4.74)
_cons	9.551*** (18.62)	7.340*** (17.47)	8.588*** (15.83)	7.223*** (19.55)	8.413*** (16.01)	7.285*** (21.39)
N	217	217	217	217	217	217
R^2	0.058	0.939	0.166	0.941	0.277	0.945

注：括号内的是 t 统计量；R^2 为固定效应的组内 R^2；* 表示 $p<0.1$，** 表示 $p<0.05$，*** 表示 $p<0.01$。

表4-13　　政府性基金预算经济增长效应的回归结果2

变量	(1) lnrpergdp	(2) lnrpergdp	(3) lnrpergdp	(4) lnrpergdp	(5) lnrpergdp	(6) lnrpergdp
L.lnrrevj	0.174*** (3.04)	0.0333** (2.29)			-0.445** (-2.44)	-0.0966*** (-3.32)
L.lnrexpj			0.292*** (5.40)	0.0594*** (3.34)	0.747*** (4.32)	0.166*** (3.93)
L.popgrowth		-0.0153 (-1.42)		-0.0139 (-1.30)		-0.00940 (-0.92)
L.unemployment		-0.0523* (-1.74)		-0.0474* (-1.81)		-0.0431* (-1.73)
L.education		0.0454* (1.74)		0.0407* (1.78)		0.0359 (1.58)
L.capital		0.000873 (1.39)		0.000757 (1.30)		0.000538 (0.95)
L.urban		0.0498*** (15.26)		0.0489*** (14.76)		0.0480*** (15.02)
L.open		0.00529*** (3.36)		0.00536*** (3.55)		0.00550*** (3.80)
_cons	9.462*** (24.80)	7.681*** (19.53)	8.679*** (24.11)	7.582*** (22.28)	8.599*** (25.79)	7.586*** (23.70)
N	186	186	186	186	186	186
R^2	0.104	0.931	0.236	0.935	0.338	0.939

注：括号内的是t统计量；R^2为固定效应的组内R^2；* 表示$p<0.1$，** 表示$p<0.05$，*** 表示$p<0.01$。

除了核心变量之外，这里也对其他控制变量的结果进行简单的解读。人口增长率对经济增长率的影响为负，这和经济理论一致；失业率提升会阻碍经济增长，因为失业是资源的限制和浪费，必然会影响经济增长；受教育年限越长越有利于经济增长，因为人均受教育年限的长短反映了人力资本的素质；资本形成率对经济增长的影响为正，但是并不显著，可能是因为资本形成率并不是一个好的衡量物质资本的指标；城镇化率和贸易开放度提升显著促进经济增长，城镇化水平的提高会同时从需求侧和供给侧促进经济增长，而贸易开放度的提升一般认为会通过进出口显著促进经济增长。

4.3.4　与PVAR模型的对比

以上是政府性基金预算收支规模对经济增长影响的静态分析，为了看出影响的动态效果，同时也为了从另一个侧面进一步验证本书的假说，强化本书的结论，这里利用面板向量自回归（PVAR）模型从动态的角度来考察政府性基金预算收支规模对经济增长的影响。并且，将结果与静态面板结果形成对比和对照。PVAR模型是一种集约模型，因此仅适合考虑少数变量之间的关系。本书使用他来考察前面的因变量和核心变量之间的动态关系，而且这里重点关注核心变量对因变量的动态影响。

PVAR模型的关键在于滞后期的选择。对于最优滞后期的选择常用的AIC、BIC和HQIC这三个信息准则进行检验，三大信息准则检测所确定的滞后期都是1期，所以最终确定的PVAR模型最优滞后期为1期。

通过图4-3（a）可以看出未预期到的政府性基金预算收入的一个单位正向冲击在第一期对经济增长有微弱的正向影响，在第二期时，开始转为负的影响，并且随着时间推移，这种影响会持续很长一段时间，并最终趋向于0。图4-3（b）则反映的是未预期到的政府性基金预算支出的一个单位正向冲击对经济增长的影响。可以看出，政府性基金支出对经济增长的影响持续为正，这种正向影响在第一期达到峰值后，逐渐开始下降，随着时间的推移这种影响趋于平稳并趋向于0。动态脉冲响应图反映出的结果跟前面静态模型的结果基本一致。

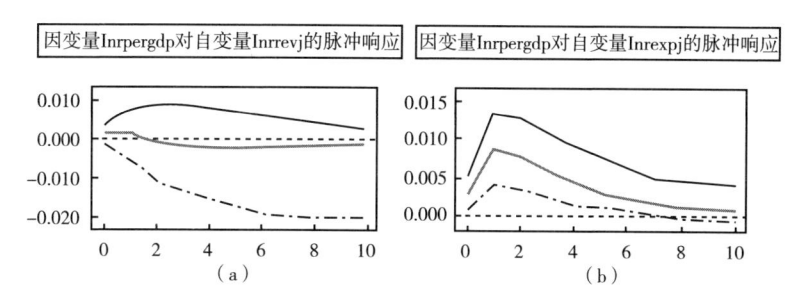

图4-3　政府性基金预算对经济增长影响的脉冲响应

注：（a）、（b）图中上下两条线是95%的置信区间线，中间是因变量对自变量的脉冲响应曲线。（a）图是政府性基金预算收入一个单位正向冲击对经济增长的影响，（b）图是政府性基金预算支出一个单位正向冲击对经济增长的影响。

4.4　本章小结

本章首先分析了我国政府性基金预算的收支规模和结构的现状，这可以帮助我们从整体上对我国政府性基金预算收支有一个概况式的认识。在此基础上，本章基于我国省级层面的面板数据考察了政府性基金预算收支规模对我国经济增长的影响。结果发现政府性基金预算收入对经济增长有负的显著影响，而政府性基金预算支出对经济增长具有正的显著性影响。为了从动态角度考察政府性基金预算收支规模对经济增长的影响，我们还使用面板向量自回归（PVAR）模型考察了政府性基金收支规模对经济增长的影响，发现政府性基金预算收支一个单位冲击对经济增长有持续性的影响，不过这种影响会随着时间变化最终趋于平稳，并且有收敛于 0 的趋势。本书静态模型和动态模型的结果相互对比印证，通过实证分析验证了在其他因素不变的情况下，政府性基金收入规模对经济增长的阻碍作用，说明我国政府性基金预算的规模大、负担重，因此必须要对政府性基金预算的规模进行控制。

第 5 章

政府性基金预算对一般公共预算替代效应的实证分析

2014年8月修正通过的《中华人民共和国预算法》第五条把我国的预算分为一般公共预算、政府性基金预算、国有资本经营预算、社会保险基金预算（简称"四本预算"），还规定既要求保持四本预算各自的完整、独立，又要求政府性基金预算、国有资本经营预算、社会保险基金预算应当与一般公共预算相衔接。《预算法（2014年）》整个第五条涉及的问题其实就是现阶段我国全口径的政府预算体系问题，这一条紧承第四条将政府的全部的收入和支出按性质分别划入四本不同的分预算。并且在明确四本预算彼此界限的基础上，保持其他三本预算与一般公共预算的统筹衔接。可以很明显地看出，一般公共预算是政府预算体系中最主要和最核心的组成部分①。

针对《预算法（2014年）》规定的政府性基金预算应当与一般公共预算统筹衔接的问题，政府连续出台多项政策文件细化和落实这一要求。通过对涉及政府预算体系以及政府性基金预算的重要法律法规以及政策文件的系统梳理，发现在经济新常态下经济增速放缓、财政压力变大，面对如此严峻的财政和经济形势，政府自然要创新宏观调控方式，提高相机抉择水平。体现在具体的财政政策上，就是要用足用活积极财政政策，提高财政资金使用效率，推进财政资金统筹使用，增加资金有效供给。总体来看，在经济增速下滑、财政收入下降的背景下，为了提高财政资金的配置效率，发挥积极财政政策效用，以收定支、专款专用的政府性基金预算的资金范围和使用空间正在逐步缩小。

---

① 根据邓力平所著《新预算法：基于中国特色社会主义财政的理解》，在《预算法（2014年）》修改三审稿中的表述还是"同时保持各类预算间互相衔接"，但是为了突出一般公共预算的主导和主体作用，最终定稿为：应当与一般公共预算相衔接。

对于《预算法（2014年）》规定的政府性基金预算应当与一般公共预算相衔接的要求，以及当前财政经济形势下宏观经济管理对财政资金统筹以及提高资金使用效率现实的要求，我国政府逐渐加大了政府性基金预算与一般公共预算统筹衔接的力度，不断将政府性基金预算管理的资金转列和转入或直接调入一般公共预算。在这样的大背景下，政府性基金预算将何去何从？以收定支、专款专用的预算管理原则是否还要继续坚持？政府性基金预算与一般公共预算的关系到底应该是怎样的？对这些问题的回答具有重要的理论意义和迫切的现实意义。有学者曾提出，如果在理论上对政府性基金预算与一般公共预算之间关系的问题没有清晰的认识就盲目调整随意调入的话，有可能会"肢解"政府性基金预算，并导致政府性基金预算与一般公共预算的相互替代，这有违《预算法（2014年）》规定的完整、独立原则，面对实践中的相关改革调整，学术界已经开始有否定政府性基金预算的倾向（岳红举和单飞跃，2018；邓秋云和邓力平，2016）。

目前，无论是在理论上还是在实践决策上，对于这些问题我们并没有足够清楚的理解和认识。尤其是理论上对这些问题的回答还远远不够，有价值的观点还不多，因此，有必要对这些问题进行进一步的研究。本章基于对政府性基金预算支出对一般公共预算支出的替代效应的实证检验，从一个侧面回答了政府性基金预算与一般公共预算关系的问题。

5.1 政府性基金预算与一般公共预算关系的一个概念分析框架

为了对政府性基金预算的地位和作用以及它与一般公共预算的关系有一个更全面准确的定位，有必要从政府预算体系的整体视角来认识这一问题。因此，本书将建立一个一般的概念分析框架来帮助认识和理解这一问题。

政府预算体系是一个很大的问题。体系即系统（system），系统论创始人贝塔朗菲（Bertalanffy）认为，系统是相互联系、相互作用的诸元素的综合体。（贝塔朗菲和周碧松，1990；辛红霞、孙洪武和张锋，2016）。钱学森认为，系统是由相互作用和相互依赖的若干组成部分结合成的具有特定功能的有机整体（钱学森、许国志和王寿云，2011）。所以，一般而言，体系至少包括三个方面的内容：该体系由哪些部分构成、构成体系的各个部分的地位和作用、各个组成部分之间的关系。按照这个思路，政府预算体系则包括预算

第5章 政府性基金预算对一般公共预算替代效应的实证分析

体系的组成部分、各部分的地位和作用、各部分之间的关系。① 这个界定，跟复式预算（体系）关联性很强。复式预算体系的内容包括预算体系由哪些分预算组成、各分预算的地位和作用、各分预算之间的关系。复式预算实质上是一种分离式或分割式预算，它将政府的预算收支科目按照一定的标准或方式（如性质、来源和用途）划分到两个或两个以上的预算中，分别编列多张收支对应的预算表，从而以特定的收入满足特定的支出需求。这几个预算在形式上相互独立、自成体系，在内容上又相互配合、互为补充，共同构成一个科学完整的预算体系（王金秀，2002）。

理论上，政府财政的基本理财方式或预算管理模式有两种：统收统支（general fund financing，简称"GFF"）和专款专用（earmarking）。在概念分析上，这二者是严格对立的，或者说它们是一个连续谱的两个极端（Hsiung，2001）。其中一个极端是统收统支，即所有的预算支出项目都由一个单一的预算来满足，也就是说，政府所有的收入都进入一个资金池子，这些收入并不事先指定用途，然后由政府按照一定的规则在各个支出项目之间统筹安排这些收入；而另一个极端则是，每一个预算支出项目都有其相对应的收入来源予以保证，即不同的收入根据需要进入不同的资金池，而不同的池子仅供某一特定的支出用途。在这两个极端之间则是一部分的统收统支和一部分的专款专用的组合，至于二者的组合比例则是实践选择的问题。对于是否存在一个最优的组合比例则不是理论能够回答的问题，这里只是提供一个简洁的概念分析框架。这种认知和分析方法并不陌生。萨缪尔森（Samuelson，1954）对于纯公共商品和纯私人商品的定义是极端，而现实中的混合商品或准公共商品则是极端情形的折中；类似的还有布坎南的盒状图等，这些都是财政领域采用此类认知或分析框架的典范。统收统支和专款专用各有各的优点和缺陷，至于现实中到底该采用统收统支还是专款专用的办法，或者是二者一定程度的组合，这是个实践选择的问题。目前各国的预算实践都是在一定程度上对这一概念框架的执行。

这一概念分析框架在理论和实践中都是非常有用的。首先，可以作为单式预算和复式预算分类的概念框架来使用，理论上单式预算或单一预算本身就是一个统收统支的概念，因为采用单式预算的国家，其预算只有一张表格，所有的收入和支出都在其中反映，即单一的预算来满足所有的支出项目。采用复式预算的国家，既有可能是多个统收统支的预算账户组成整个国家预算，也有可

---

① 有学者将政府预算内容、结构以及相互关系的规定和安排概括为政府预算体系问题（唐仲、张绘，2016）。

能是统收统支的账户和专款专用的账户共同组成整个国家的预算。如果整个国家预算由多个统收统支的预算账户组成的话，各个不同的统收统支的账户可以看作专款专用的账户，因为每个统收统支的账户都有各自不同的预算目的。

其次，现实中的预算基金制也可以套用这一概念框架来认识。目前，很多国家和地区的政府预算采用基金制（funding），典型的如美国。这些国家和地区将其总预算或综合预算（unified budget）分为多个基金账户。在这些分门别类的基金账户之中，总是会设置一个一般基金或普通基金（general fund）账户，这个账户中的收入并不指定具体的用途，只要有需要就可以统筹使用于任何目的，这个一般基金就是统收统支理论的运用。除了一般基金外，还会设置多个其他基金账户，这些基金相对于一般基金可以称作特种基金。每个特种基金账户都有不同的支出目的，基金账户中的收入只能用于规定或限制的支出项目。此类特种基金则是专款专用理论的运用。

美国政府（包括联邦政府、州和地方政府）的预算体系是预算基金制的典范。美国联邦政府的综合预算如图 5-1 所示，分为两大基金群（fund groups）：联邦基金（federal funds）和信托基金（trust funds）。联邦基金包括一般基金（general funds）、特别收入基金（special funds）、公共企业基金（public enterprise funds）、政府部门内基金（intragovernmental funds）；信托基金包括循环信托基金（revolving trust funds）和非循环信托基金（nonrevolving trust funds）。而信托基金、特种基金和公共企业基金都是专款专用的，被称为指定用途基金或专用基金（earmarked funds）。专用基金是报告政府按照法律实施特定目的和项目的收支资金的账户。

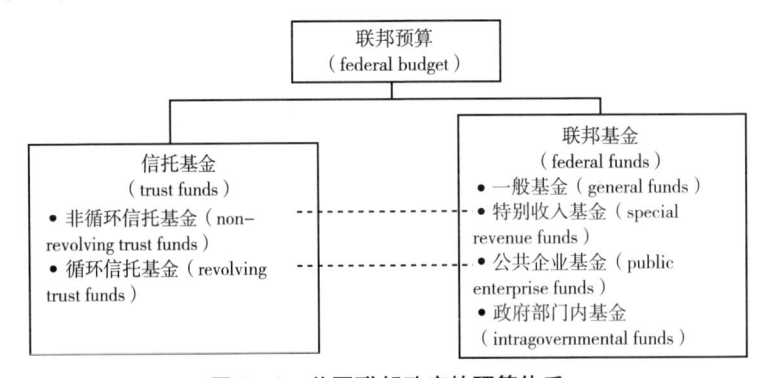

图 5-1 美国联邦政府的预算体系

注：虚线表示两侧基金比较类似（analogous fund types）。

资料来源：GAO, Federal Trust and Other Earmarked Funds: Answers to Frequently Asked Questions. Government Accountability Office Reports, 2001: 9.

美国州和地方政府预算同样采用基金制，州和地方政府将所有的预算资金分为许多单个的基金①，无论政府采用多少个单个基金，所有的基金都可以归为 11 种类型基金中的一种。这 11 种类型的基金又可以按性质分为三大类：政务基金②（governmental funds）、权益基金（proprietary funds）以及信托基金（fiduciary funds）。其中，政务基金用于报告由税收支持的政府性质的活动，包括一般基金（general funds）、特别收入基金（special revenue funds）、偿债基金（debit funds）、资本项目基金（capital projects funds）和永久基金（permanent funds）。权益基金用于报告政府的企业性质的活动③（business-like activities），包括企业基金（enterprise funds）、内部服务基金（internal service funds）。信托基金（fiduciary funds）用于报告政府以受托人或代理人的身份为政府以外组织持有的资源，该基金内的资源不可以用于支持政府自身的项目，包括养老（以及其他雇员福利）信托基金、投资信托基金、私人目的信托基金和代理基金。

那么，这一个概念分析框架是否可以用来分析我国的预算体系呢？回答是肯定的。《预算法（2014 年）》将我国的预算分为一般公共预算、政府性基金预算、国有资本经营预算和社会保险基金预算。首先，从分预算的名称或形式上来看，《预算法（2014 年）》将原来的公共财政预算或旧的《预算法实施条例》中定名的政府公共预算更名为一般公共预算，相对而言，其他三本预算就是"特殊"或"特种"公共预算（邓力平，2015；徐阳光，2015）。我国的预算体系与美国州和地方政府预算体系的"三分法"在形式上有很多相似的地方（见表 5-1），这体现出预算实践中的通用规律。其次，从分预算的内容上来看，按照《预算法（2014 年）》一般公共预算的资金来源是以税收为主体的财政收入，其支出用于保障和改善民生、推动经济社会发展、维护国家安全、维持国家机构正常运转等多个方面，也就是说一般公共预算的收入可以用于政府施政的各个领域，并没有特定的限制，所以一般公共预算就对应统收统支的一般基金。而政府性基金预算、国有资本经营预算以及社会保险基金预算的收支都有特别的限制，因此，它们相当于专款专用的特种基金。总而言之，实质上我

---

① 对于基金的数目并没有明确的规定，根据需要，实践中可以设置 10 个以下的单个基金，也可以设置几十个甚至数以百计的单个基金。对于基金数目，有一项基本的原则就是：在充分考虑自身特殊环境的前提下，政府应当采用尽可能少的单个基金。

② 为了与我国的政府性基金区别开来，不便翻译为政府性基金。

③ 活动的资金至少有一部分来自服务收费。

国的预算体系也是统收统支的一般基金预算和专款专用的特种基金预算的组合。

表 5-1　　　　　　　　　中国、美国政府预算体系比较

中国		美国
一般公共预算	政务基金	普通基金
政府性基金预算		特别收入基金
		资本项目基金
		偿债基金
		永久基金
国有资本经营预算	权益基金	企业基金、内部服务基金
社会保险基金预算	信托基金	养老（以及其他雇员福利）信托基金、投资信托基金、私人目的信托基金和代理基金

注：美国指的是其州和地方政府的预算体系。此表只是简单对比表，由于各个国家和地区的制度和法律以及现实国情（区情）等都不同，无法严格的一一对应。

资料来源：参见刘用铨. 中外政府预算与政府会计中几个基金概念辨析［N］. 中国会计报，2014-08-15.《预算法（2014年）》；美国政府财务官协会. 政府会计、审计和财务报告［M］. 经济科学出版社，2011.

5.2　政府性基金预算与一般公共预算关系的现实考察

为了对现实中的政府性基金预算和一般公共预算在预算体系中的地位和作用有更好的认识，有必要对四本预算的预算目标、预算定位、预算范围和预算原则进行一个简单的对比（见表5-2）。从表5-2中可以看出，一般公共预算和政府性基金预算二者在预算目标、预算地位、预算范围和预算编制原则上都有很大的区别。

表 5-2　　四本预算的预算目标、定位、范围、原则与依据

	预算目标	预算定位	预算收支范围	预算编制原则	依据
一般公共预算	用于保障和改善民生、推动经济社会发展、维护国家安全、维持国家机构正常运转等方面	一般基金预算（主体预算）	收入来源：以税收为主体的财政收入，具体包括各项税收收入、行政事业性收费收入、国有资源（资产）有偿使用收入、转移性收入和其他收入；支出方向：按功能分类，包括一般公共服务支出、外交、公共安全、国防支出，农业、环境保护支出，教育、科技、文化、卫生、体育支出，社会保障及就业支出和其他支出；按经济性质分类，包括工资福利支出、商品和服务支出、资本性支出和其他支出	各级一般公共预算支出的编制，应当统筹兼顾，在保证基本公共服务合理需要的前提下，优先安排国家确定的重点支出	《预算法（2014年）》第六条、第二十七条、第三十七条
政府性基金预算	专项用于特定公共事业发展	特种基金预算（专项预算）	收入来源：依照法律、行政法规的规定在一定期限内向特定对象征收、收取或者以其他方式筹集的资金；支出方向：特定公共事业	政府性基金预算应当根据基金项目收入情况和实际支出需要，按基金项目编制，做到以收定支	《预算法（2014年）》第九条、第二十八条①
国有资本经营预算	—	特种基金预算（专项预算）	收入来源：国有资本收益；支出方向：资本性支出、费用性支出、其他支出，必要时可部分用于社会保障等项支出	国有资本经营预算应当按照收支平衡的原则编制，不列赤字，并安排资金调入一般公共预算	《预算法（2014年）》第十条、第二十八条；《国务院关于试行国有资本经营预算的意见》
社会保险基金预算	专项用于社会保险	特种基金预算（专项预算）	收入来源：社会保险缴款、一般公共预算安排和其他方式筹集的资金；支出方向：社会保险	社会保险基金预算应当按照统筹层次和社会保险项目分别编制，做到收支平衡	《预算法（2014年）》第十一条、第二十八条

资料来源：参见唐仲、张绘. 政府预算的衔接性：理论探索、实践与反思［J］. 地方财政研究. 2016（05）. 邓力平. 新预算法：基于中国特色社会主义财政的理解［J］. 财政研究，2015（10）；《预算法（2014年）》。

---

① 《预算法（2014年）》第二十八条：政府性基金预算、国有资本经营预算和社会保险基金预算的收支范围，按照法律、行政法规和国务院的规定执行。

从表 5-3 中可以看出，从政府性基金预算收支规模的平均数来看，它在整个国家预算体系中处于第二的位置，规模仅次于一般公共预算，是名副其实的第二大预算。近年来，随着我国社会保险基金预算规模的逐步提升，尤其是社会保险基金收入从 2015 年开始，连续两年超越政府性基金预算收入，在政府预算收入体系中处于第二的位置，不过 2017 年政府性基金收入又重新回归第二位。因为我国人口老龄化问题越来越严重，可以预期今后几年内社会保险基金预算收支规模有望全面超越政府性基金预算。尽管如此，考虑到社会保险基金预算的特殊性，相当于美国的信托基金，是政府作为受托人或代理人而持有的资源，这种资源不能用于支持政府自身的项目[①]，这与一般公共预算和政府性基金预算资金有本质的区别。总之，无论是性质还是在数量比重上，政府性基金预算在我国整个政府预算体系中的地位和重要性都是不言而喻的。

表 5-3　　　　　政府性基金预算在国家预算体系中的比重　　　　　单位：%

项目		2010 年	2011 年	2012 年	2013 年	2014 年	2015 年	2016 年	2017 年
全国一般公共预算	收入	60.68	60.75	62.47	58.95	59.25	62.53	61.63	59.10
	支出	65.54	65.00	67.13	63.44	63.52	67.80	66.96	64.55
全国政府性基金预算	收入	26.86	24.19	20.00	23.85	22.84	17.39	18.01	21.05
	支出	24.76	23.77	19.36	22.85	21.54	16.32	16.72	19.27
全国国有资本经营预算	收入	—	—	0.80	0.78	0.85	1.05	1.01	0.88
	支出	—	—	0.75	0.71	0.84	0.80	0.77	0.64
全国社会保险基金预算	收入	12.46	15.06	16.74	16.42	17.07	19.04	19.35	18.97
	支出	9.71	11.23	12.76	13.01	14.10	15.08	15.55	15.54

注：2010 年和 2011 年只是公布了中央国有资本经营预算的数据，没有全国的数据。此处计算并未考虑四本预算之间因为钩稽衔接所带来的重复计算问题。

资料来源：作者根据财政部公布的历年国家财政决算计算得出。

从前文的分析中我们可以确定政府性基金预算属于专款专用的特种基金（预算），该预算是特定收入用于特定支出；一般公共预算属于统收统支的一般基金（预算），可以说是一般收入用于一般用途的支出。而且，一般情况下，一般基金（预算）是整个预算的主体。在我国，一般公共预算是整个预算体系的绝对主体，无论是性质还是数量和规模上都是如此。政府性基金预

[①] 美国政府财务官协会. 政府会计、审计和财务报告 [M]. 经济科学出版社，2011：16.

算作为特种预算则处于补充和相对次要的位置。这一判断除了可以从预算功能定位、预算收支范围和规模方面看出来之外，本书还从以下两个方面进行进一步的论证。

第一，以支定收原则和以收定支原则。市场经济普遍采用以支定收原则，其基本的逻辑是：市场经济—公共需要—政府职能—公共支出—公共收入（高培勇，2001）。这也符合居民表达需求，政府满足需求，消费者交税的逻辑思路（徐阳光，2015）。相反，如果采用以收定支，其本意虽然是以收入约束支出，但是实践中会出现能收多少就支出多少或者大收大支的情况。大收大支是因为政府有预算最大化的倾向。所以国家的整个预算必须要坚持以支定收为主，以收定支为辅。一般公共预算就是以支定收的预算，政府性基金预算则是以收定支的预算。所以一般公共预算是主体，政府性基金预算是辅助和补充。

第二，专款专用原则和统收统支原则。在实践中专款专用相对于传统的统收统支原则是例外或特例[①]，而这个特例是建立在专款专用资金财务的独立性和用途的特定性之上的，如果不符合这两个特点则应当采用统收统支原则（郭俊廷，2013）。因此，如果某项资金专款专用的理由不充分，则不应该进入政府性基金预算。在我国财政部出台的《关于进一步加强地方政府性基金预算管理的意见》中亦规定"将应当统筹使用的资金统一纳入一般公共预算，将具有专款专用性质且不宜纳入一般公共预算管理的资金纳入（政府性）基金预算"，因为具有专款专用性质的资金还必须满足不宜纳入一般公共预算管理这个条件时才将其纳入政府性基金预算，这一规定也体现出了专款专用的政府性基金预算是特例。

另外，还有一个问题需要我们回答，即既然已经有了一般公共预算为什么还要有政府性基金预算？或者既然政府已经收了税，为什么还要收政府性基金？一般而言，政府提供的公共商品或服务中既有满足社会大众的普遍性的公共商品或服务，还有满足部分群体的特定的公共商品或服务。普遍性的公共商品或服务可以通过税收来弥补其成本，但是特定的公共商品或服务成本则不宜通过税收来提供，因为这样会导致无效率和不公平的问题。特定的公共商品或服务应该按照受益原则通过收费的方式来为其提供成本融资，这样可以建立起必要的成本约束机制，避免公共资源的浪费，而且如果让没有

---

① 美国采取的就是类似的例外原则，即凡是没有特殊规定必须要进入特别收入基金的，一律进入一般基金。

受益的人群承担其他人群受益的公共商品或服务的成本也是不公平的。一般公共预算可以看作是提供普遍性公共商品或服务的预算，而政府性基金预算则可以看作是专门提供特定公共商品或服务的预算。其实，20世纪早期就已经有专门预算或预算专门化（specialization of the budget）的思想，如林达尔（Lindahl，1919）在其博士论文中就提出对于公共活动的不同分支来说，不同阶层的获益差别很大，因此这种冲突只能通过专门预算来解决①，也就是说，对于某些非普遍性受益的公共商品或服务，不同人的受益差别很大，因此有必要通过建立专门的预算账户来对特定的收支进行管理，从而可以达到税收正义（just taxation）。

政府预算体系中单个预算自身完整、独立的前提是要明晰各自的职责和定位，这也是处理好各个预算之间关系的前提。尽管在理论上各个预算的地位和作用是明确的，但是在实践中却很难把握和处理。现实中，政府性基金预算与一般公共预算之间的关系处理最具挑战性。因为，这两者的边界最为模糊，功能的重叠最为严重。这主要是由于政府与市场、中央与地方、公共商品资金多渠道筹集，预算内外资金并举的历史因素造成的（邓秋云和邓力平，2016）。现实的分析表明政府性基金预算与一般公共预算关系是比较复杂的，那么我们是否可以从实证的角度来验证二者之间的关系呢？下文将集中从政府性基金预算支出对一般公共预算支出影响的角度来检验二者之间的关系。

5.3　政府性基金预算支出对一般公共预算支出替代效应的实证检验

按照前文的分析，一般公共预算与政府性基金预算之间理想的关系应该是定位清晰、分工明确，既各司其职，同时各自之间还保持一定的协调配合。那么现实的情况是否如此呢？我们有必要利用现实的数据对这个问题进行实证检验。

胡文骏和刘晔（2016）认为预算外支出很可能会对预算内支出产生挤出

---

① Musgrave, R. A. and A. T. Peacock, Classics in the Theory of Public Finance. Palgrave Macmillan UK, 1958: 174. 原文：In fact, however, the various classes have widely divergent interests in the various branches of public activity, and for this reason the conflict can be resolved only by specialization of the budget.

或挤入效应。一般公共预算和政府性基金预算分别属于不同的预算资金，它们在支出结构上存在差异，而且政府性基金预算最初也是由预算外资金发展而来的，因此，政府性基金预算支出对一般公共预算支出也可能会产生挤出或挤入效应。另外，马尔西利亚尼和伦斯特龙（Marsiliani and Renstrom, 2000）曾提出理想情况下专款专用规则（earmarking rule）相对于政府可以相机抉择的统收统支（GFF）最好保持中性[①]，即不要对其税率和公共支出产生影响。那么，作为专款专用原则下的政府性基金预算相对于统收统支的一般公共预算能否保持中性，政府性基金预算支出会不会影响一般公共预算支出？如果影响的话，是挤出还是挤入的关系？

理想的状态是二者定位清晰、分工明确、各司其职，因此二者基本上是互不干扰的中性关系。现有文献对相似的问题有过考察，而且主要集中在专款专用制（earmarking）对政府公共支出的影响上。对此，理论界主要有两种观点，即粘蝇纸效应（flypaper effect）和替代效应（fungibility effect）。

在各国的预算实践中，统收统支的一般基金（general funds）一般占主体地位，政府的大部分支出都是通过一般基金（预算）安排的，这就意味着指定用于支持特定支出项目的专用收入很可能替代原来该项目源自一般基金（预算）的资金。正是因为替代性问题，实践中决策者可能会利用专款专用规则增加一般基金（预算）和政府的总规模。我国的政府性基金预算资金属于专款专用的资金，而一般公共预算资金则属于政府可以统筹使用自由支配的资金。而且，目前我国政府性基金预算与一般公共预算的界限并不明显，各自的定位还不是很清晰，分工也不是很明确。其突出的表现就是在同一用途上两本预算存在重叠交叉，而同一项目可以多头支出多头要钱。在这种情况下，有必要研究政府性基金预算与一般公共预算的关系，并在实证上检验二者之间是否存在理论上的替代效应或粘蝇纸效应。

5.3.1 变量与数据

（1）被解释变量。

一般公共预算总支出（lnrgffe），这里用各省（自治区、直辖市）一般公共预算实际总支出的自然对数值来表示。为了进行进一步的分析检验政府性

[①] Marsiliani, L. and T. I. Renstrom. Time inconsistency in environmental policy: tax earmarking as a commitment solution. The Economic Journal, 2000, 110 (462): 123-138. 原文：It may very well be the case that the earmarking rules were neutral.

基金预算支出与一般公共预算支出之间的关系，我们还将一般公共预算总支出进一步划分为与政府性基金预算支出功能相同的支出和与政府性基金预算支出功能不同的支出，前者用相同支出功能的一般公共预算实际支出的自然对数值（lnrgffe1 or lnrgffe2）表示，后者用支出功能不同的一般公共预算实际支出的自然对数值（lnrgffegap1 and lnrgffegap2）表示。其中，gffe1 与 gffe2 的不同之处在于 gffe1 包括其他项支出，而 gffe2 则不包括其他项支出。这里存在以下关系：gffe1 + gffegap1 = gffe；gffe2 + gffegap2 = gffe。对于政府性基金预算与一般公共预算相同的支出功能，参见表 4-10。这里之所以采用实际值是为了消除价格因素的影响，本书采用省级 GDP 平减指数对其进行处理，GDP 平减指数根据各省 GDP 指数计算得来。单位：亿元。

（2）核心解释变量。

政府性基金预算支出（lnrexp），这里用各省（自治区、直辖市）政府性基金预算实际总支出的自然对数值来表示。与被解释变量一样对数据进行消胀处理。各省（自治区、直辖市）政府性基金预算的支出数据来源于相应省（自治区、直辖市）在两会上提交的关于上一年度的预算执行情况和本年度预算草案的报告，报告中缺乏的部分省（自治区、直辖市）的少部分数据来源于该省（自治区、直辖市）的财政年鉴和统计年鉴，除此之外，还有少部分数据利用万得数据库等收集以及其他办法[①]补充。单位：亿元。

（3）其他控制变量。

这里还要考虑影响一般公共预算支出的一些其他的重要因素。总的一般公共预算支出是由各个公共商品或服务项目的支出组成。一般公共预算支出就是为了提供这些公共商品或服务而发生的支出。所以影响公共商品或服务需求的因素就是影响一般公共预算支出的主要因素。

主流的公共经济学或财政学理论主要是利用中位选民定理来研究这一问题的，该定理认为在民主国家（无论是间接民主还是直接民主），政府的支出水平是由中位选民投票决定的，因此政府的公共支出其实反映了中位选民的偏好，而影响中位选民偏好最重要的因素就是其面临的税收价格（tax price，即公共商品或服务的价格）以及中位选民的收入。而且，中位选民对公共商品或服务的需求量决定政府对其供给量，进而决定政府对其支出，因此政府公共支出与税收价格成反比，与收入成正比，即随着税收价格的提高

---

① 如某年缺失一个省（自治区、直辖市）的数据，就使用全国地方本级政府性基金收入总和减去其他省（自治区、直辖市）数据之和。如果缺失多个省（自治区、直辖市）数据则利用前后年份平均数的比例将全国地方本级收入与其他省（自治区、直辖市）加总数据之差在多个地区之间分配。

而降低，随着收入水平的提高而提高。一般情况下，利用该定理构建公共商品需求或公共支出模型需要微观个体层面的数据。但是我国个体层面的税收价格无法获得，所以我们参考卢洪友和龚锋（2009）以及卢洪友、卢盛峰和陈思霞（2011）的做法，将省（自治区、直辖市）一级政府视为一个辖区，而将省辖的地级市视为该辖区的微观"居民"，这样我们就可以使用各地级市的收入和税收价格数据。

另外，在运用中位选民投票模型时，一个重要的假设是：选民收入大致服从正态分布，这样的话中位收入的选民占大多数，其对公共商品或服务的偏好会通过投票成为辖区的共同偏好（卢洪友、卢盛峰和陈思霞，2011）。但是，当前中国地市级收入水平并不服从正态分布。龚锋和卢洪友（2009）对392个中国地市级1999~2005年收入分布状况考察发现，有超过85%的地级市的收入分布在0.25分位数以下。假设政府的目标是最大化最多数人的福利，因此，他们采用各个省份0.25分位地级市的人均地区GDP及其对应的财政收入份额作为该省的收入和税收份额指标。

参考龚锋和卢洪友（2009）的方法，本书对398个地级市2010~2016年人均GDP平均值分布状况进行考察，发现地级市的人均GDP主要集中在10000~60000元之间（见图5-2）。从累积概率分图（见图5-3）可以看出，人均GDP在80000元（0.30分位）以内的地级市占总数的87%。所以，如果政府的目标是最大化最多数人的福利的话，可以选0.30分位地级市作为标准。

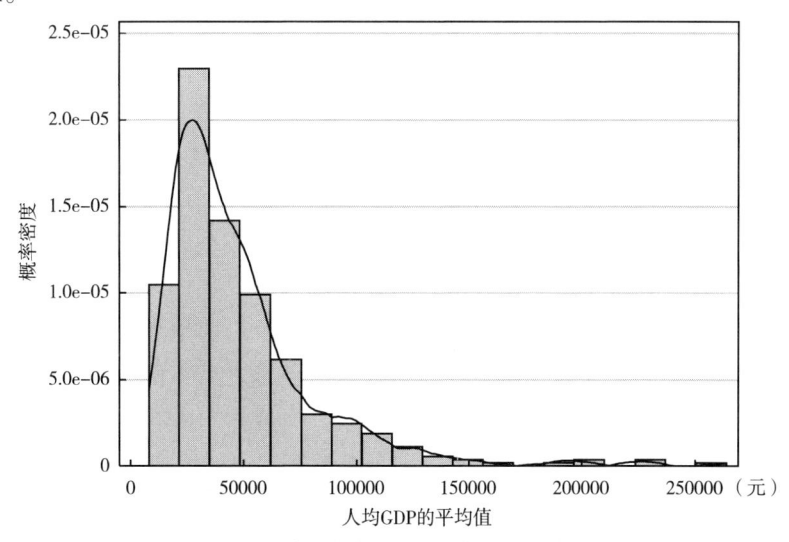

图5-2 2010~2016年地级市人均GDP的平均值的实证概率密度函数

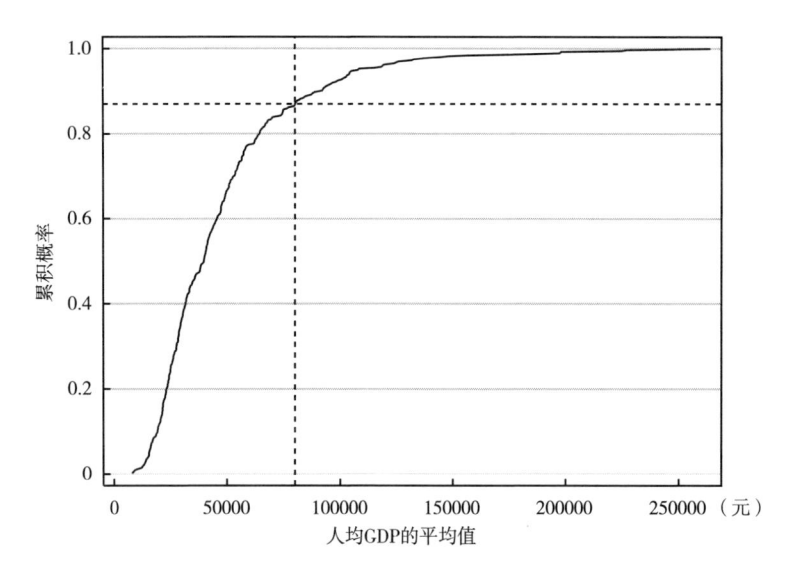

图 5-3　2010~2016 年地级市人均 GDP 的平均值的累积概率分布函数

注：横轴的参考线为 80000 元，纵轴的参考线为 87%。

综上，因为理论上税收价格和收入是影响公共支出的重要因素，本书就将这两个指标作为重要的控制变量予以控制。

收入水平（rincome），用人均 GDP 位于 0.30 分位的地级市的人均实际 GDP 作为该省的收入水平的指标。这里的实际值是使用人均 GDP 平减指数处理过后的数据，以消除价格因素的影响。为了保持与其他数据同样的数量级，将以元为单位的数据转为以万元为单位。收入水平对一般公共预算支出的影响预期为正。

税收价格（taxprice），这里用人均 GDP 位于 0.30 分位的地级市对应的财政收入（即一般公共预算收入）份额（即 0.30 分位地级市财政收入在全省财政收入中所占的百分比）作为该省税收价格的指标。这里选择财政收入作为税收价格的指标有两个原因。第一，与发达经济体不同，我们国家除了税收收入之外还存在大量的非税收入，因此仅仅考虑税收作为一般公共预算支出的价格并不合理；第二，数据可得性，2013 年及以前地级市的税收数据可以在《中国区域经济统计年鉴》中直接获取，但是之后年份的数据则需要去各个省（自治区、直辖市）的统计年鉴中找，而且并非所有省（自治区、直辖市）的年鉴中都有。税收价格对一般公共预算支出的影响预期为负。

除了收入和税收价格之外，我们还考虑其他影响一般公共预算支出（公共商品或服务需求偏好）的人口特征指标。这些指标包括：各省（自治区、直辖市）人口总数（lnpop），用各省（自治区、直辖市）人口总数的自然对数表示，单位：万人；各省（自治区、直辖市）65岁及以上人口在总人口中的比重（age65），单位：%；各省（自治区、直辖市）15岁及以下人口在总人口中的比重（age15），单位：%；各省（自治区、直辖市）城镇人口在总人口中的比重（urban），单位：%；各省（自治区、直辖市）大专以上学历人口比重（college），单位：%；各省（自治区、直辖市）第三产业从业人员在从业人员中所占比重（third），单位：%；失业率（unemployment），这里用城镇登记失业率来表示，单位：%。

本部分所使用的数据均为2010~2016年的年度数据，如果没作特殊说明，这些数据都来自EPS数据库和万得数据库。表5-4为各变量的描述性统计。

表5-4 变量的描述性统计

变量	样本数	平均值	标准差	最小值	最大值
lnrgffe	217	8.029	0.616	6.312	9.423
lnrgffe1	217	7.710	0.591	6.069	9.098
lnrgffe2	217	7.678	0.592	6.021	9.051
lnrexpj	217	6.676	1.097	2.357	8.641
rincome	217	2.799	1.236	0.876	6.891
taxprice	217	4.799	3.331	0.591	18.590
lnpop	217	8.113	0.845	5.704	9.306
age65	217	9.328	1.943	4.824	14.120
age15	217	16.540	4.028	8.287	25.210
urban	217	54.430	13.760	22.670	89.600
college	217	11.540	6.229	2.136	40.180
third	217	38.280	10.120	20.210	80.120
unemployment	217	3.353	0.652	1.210	4.500

5.3.2 实证策略

内生性问题是实证模型必须考虑的重要问题。遗漏变量是一类重要的内生性问题。根据Hausman检验，我们使用面板固定效应模型，该模型可以控制那些无法观测且不随时间变化的个体固定效应。因此，可以在一定程度上克服遗漏变量偏误。除了遗漏变量会导致内生性问题之外，还有其他一些问题也会导致内生性问题，本书使用工具变量（IV）的办法解决内生性的问题。具体地，本书使用当年土地成交价格和土地购置面积作为政府性基金预算支出的工具变量。这里的逻辑是土地成交价格和土地购置面积是影响国有土地使用权出让收入的最重要因素，而国有土地使用权出让收入占政府性基金预算收入的最大一部分，因此对政府性基金预算收入的影响最大，而政府性基金预算支出的预算原则是以收定支，所以可以使用当年的土地成交价格和土地购置面积作为政府性基金预算支出的工具变量。对于工具变量的相关检验会在表5-5和表5-6中给出。

表5-5　　　政府性基金预算对一般公共预算影响的回归结果1

变量	(1) lnrgffe-FE	(2) lnrgffe-IV	(3) Lnrgffe1-FE	(4) Lnrgffe1-IV	(5) Lnrgffegap1-FE	(6) Lnrgffegap1-IV
lnrexpj	0.0921*** (4.83)	0.0861** (2.52)	0.0457 (1.44)	0.00723 (0.09)	0.339*** (4.21)	0.373** (2.12)
taxprice	-0.00515* (-1.94)	-0.00222 (-0.70)	-0.00430 (-1.03)	-0.00259 (-0.43)	-0.00600 (-0.77)	-0.00934 (-0.98)
rincome	0.104*** (4.24)	0.0777*** (4.23)	0.105*** (3.97)	0.113*** (3.42)	0.158*** (2.75)	0.126** (2.00)
lnpop	2.054*** (4.98)	2.060*** (5.68)	2.380*** (7.54)	2.492*** (5.28)	1.796* (1.97)	1.517 (1.10)
age65	0.0475*** (4.69)	0.0503*** (6.41)	0.0327** (2.62)	0.0341*** (2.63)	0.0949*** (3.44)	0.0955*** (2.95)
age15	-0.00431 (-0.50)	0.00715 (0.90)	-0.0248** (-2.26)	-0.0260* (-1.86)	0.0323 (1.30)	0.0373 (1.42)
urban	0.0277*** (6.35)	0.0256*** (8.03)	-0.00370 (-0.72)	-0.00349 (-0.47)	0.0821*** (9.33)	0.0874*** (6.80)
college	0.00796* (1.98)	0.01000*** (2.92)	0.0127** (2.45)	0.0112* (1.92)	-0.00808 (-0.85)	-0.00300 (-0.23)
third	0.0189*** (3.66)	0.0178*** (4.36)	-0.00151 (-0.23)	-0.00294 (-0.48)	0.0754*** (4.22)	0.0736*** (4.83)
unemployment	-0.0892*** (-4.05)	-0.0744*** (-3.71)	-0.146*** (-4.94)	-0.162*** (-3.95)	0.0690 (1.14)	0.0893 (1.29)
_cons	-11.91*** (-3.68)		-11.47*** (-4.99)		-19.52** (-2.65)	

续表

变量	(1) lnrgffe-FE	(2) lnrgffe-IV	(3) Lnrgffe1-FE	(4) Lnrgffe1-IV	(5) Lnrgffegap1-FE	(6) Lnrgffegap1-IV
Underidentification test		0.0000		0.0000		0.0000
Weak identification test		27.470		18.058		18.058
Overidentification test		0.1391		0.2606		0.1286
N	217	216	217	216	217	216
R^2	0.953	0.938	0.649	0.650	0.876	0.881

注：括号内的是 t 统计量；R^2 为固定效应的组内 R^2；* 表示 $p<0.1$，** 表示 $p<0.05$，*** 表示 $p<0.01$；识别不足检验下的为 p 值，弱识别检验下的为瓦尔德 F 统计量，过度识别检验下的为汉森 J 统计量的 p 值。

表 5 – 6   政府性基金预算对一般公共预算影响的回归结果 2

变量	(1) lnrgffe-FE	(2) lnrgffe-IV	(3) Lnrgffe2-FE	(4) Lnrgffe2-IV	(5) Lnrgffegap2-FE	(6) Lnrgffegap2-IV
lnrexpj	0.0921*** (4.83)	0.0861** (2.52)	0.0529* (1.75)	0.0122 (0.15)	0.257*** (3.96)	0.300** (2.07)
taxprice	−0.00515* (−1.94)	−0.00222 (−0.70)	−0.00479 (−1.12)	−0.00319 (−0.52)	−0.00427 (−0.58)	−0.00683 (−0.77)
rincome	0.104*** (4.24)	0.0777*** (4.23)	0.0935*** (3.44)	0.0986*** (2.87)	0.190*** (3.68)	0.169*** (3.19)
lnpop	2.054*** (4.98)	2.060*** (5.68)	2.472*** (7.44)	2.581*** (5.36)	1.205 (1.56)	0.898 (0.84)
age65	0.0475*** (4.69)	0.0503*** (6.41)	0.0368*** (2.85)	0.0385*** (2.87)	0.0763*** (3.53)	0.0750*** (2.78)
age15	−0.00431 (−0.50)	0.00715 (0.90)	−0.0228* (−1.99)	−0.0236* (−1.65)	0.0232 (1.06)	0.0252 (1.08)
urban	0.0277*** (6.35)	0.0256*** (8.03)	−0.00357 (−0.71)	−0.00331 (−0.44)	0.0822*** (10.32)	0.0866*** (7.72)
college	0.00796* (1.98)	0.01000*** (2.92)	0.0134*** (2.66)	0.0121** (2.04)	−0.00538 (−0.66)	−0.00180 (−0.15)
third	0.0189*** (3.66)	0.0178*** (4.36)	0.000487 (0.07)	−0.000576 (−0.09)	0.0582*** (3.97)	0.0570*** (4.56)

续表

变量	(1) lnrgffe-FE	(2) lnrgffe-IV	(3) Lnrgffe2-FE	(4) Lnrgffe2-IV	(5) Lnrgffegap2-FE	(6) Lnrgffegap2-IV
unemployment	-0.0892*** (-4.05)	-0.0744*** (-3.71)	-0.159*** (-5.48)	-0.175*** (-4.15)	0.0701 (1.38)	0.0898 (1.36)
_cons	-11.91*** (-3.68)		-12.38*** (-5.10)		-13.23** (-2.10)	
Underidentification test		0.0000		0.0000		0.0000
Weak identification test		27.470		18.058		18.058
Overidentification test		0.1391		0.3694		0.1363
N	217	216	217	216	217	216
R^2	0.953	0.938	0.661	0.662	0.881	0.884

注：括号内的是 t 统计量；R^2 为固定效应的组内 R^2；* 表示 $p<0.1$，** 表示 $p<0.05$，*** 表示 $p<0.01$；识别不足检验下的为 p 值，弱识别检验下的为瓦尔德 F 统计量，过度识别检验下的为汉森 J 统计量的 p 值。另外，该表的（1）-（2）列复制了上表（1）-（2）列的结果，主要是为了在同一张表中方便比较。

另外，为了在一定程度上克服自相关和异方差问题，我们在估计的时候还将标准误聚类到各个省（自治区、直辖市）层面。

5.3.3 结果与解读

表 5-5 和表 5-6 为政府性基金预算支出对一般公共预算支出影响的回归结果，两个表中的奇数列（即（1）（3）（5）列）为普通的固定效应面板回归的结果，而偶数列（即（2）（4）（6）列）为面板数据工具变量回归的结果。从回归的结果可以看出，无论是普通的面板固定效应回归还是面板数据工具变量回归的结果都表明政府性基金预算支出的增加会显著地促进一般公共预算总支出的增加。我们将一般公共预算总支出划分为与政府性基金预算支出功能相同的支出和与政府性基金预算支出功能不同的支出，在这两个表中的（1）-（2）列的因变量为一般公共预算总支出，（3）-（4）列的因变量为与政府性基金预算支出功能相同的一般公共预算支出，（5）-（6）列的因变量为与政府性基金预算支出功能不同的一般公共预算支出。回归结果表

明，政府性基金预算支出的增加对与其支出功能相同的一般公共预算支出基本上没有显著的影响（除了表 5-6 中的第（3）列在 10% 的显著性水平显著外），而与其支出功能不同的一般公共预算支出有显著的增加，这说明政府性基金预算支出对一般公共预算支出有挤出或替代效应，即在同一支出功能上政府性基金预算和一般公共预算两种预算都支持的话，专款专用的政府性基金预算会替代原来在该支出功能上的一般公共预算的支出，这些一般公共预算资源或资金会被用于其他功能的支出上，进而导致一般公共预算总支出规模的增加。这说明了以下几个问题：其一，政府性基金预算和一般公共预算二者的分工并不清晰，尤其是在同一支出功能上，二者的支出方向并不明确，二者配合的比例关系也是不确定的，因此必然会导致政府性基金预算支出对一般公共预算支出的替代效应。其二，政府性基金预算支出会导致整个公共资源配置的无效率，因为它会导致政府总的支出规模的扩大，政府可能会策略性地利用政府性基金预算来扩大其支出规模，实现预算最大化的目的。

除了核心解释变量之外，其他控制变量的影响并不是本章关注的重点，因此这里只就"它们"对一般公共预算总支出的影响作简单的说明。税收价格对一般公共预算总支出的影响为负，普通面板固定效应回归的结果在 10% 显著性水平显著，工具变量回归的结果不显著；收入水平对一般公共预算总支出的影响显著为正；总人口对一般公共预算支出的影响也显著为正；65 岁及以上人口比重对一般公共预算支出的影响显著为正；15 岁及以下人口比重对一般公共预算总支出的影响不显著；城镇人口比重对一般公共预算总支出的影响显著为正；第三产业从业人员比重对一般公共预算总支出的影响显著为正；城镇登记失业率对一般公共预算总支出的影响显著为负。

5.4　本章小结

本章首先建立了一个非常简洁的用于分析政府性基金预算与一般公共预算关系的概念框架，而且这一分析框架具有一般性和通用性，可以帮助我们认识我国的政府预算体系及其分预算的定位。按照这一分析框架，我国的一般公共预算属于统收统支的一般基金预算，而政府性基金预算则属于专款专用的特种基金预算。其次，分析了一般公共预算和政府性基金预算各自的功能定位。在现实中二者之间存在定位不清晰，分工不明确的问题。理想状态下二者的边界清晰，各司其职、各负其责，政府性基金预算对一般公共预算影响应该是中性，政府性基金预算的支出不会影响一般公共预算支出，但是通过我们利用省级面板数据的实证检验发现，政府性基金预算支出增加会导致一般公共预算总支出的增加。进一步将一般公共预算总支出细分为与政府性基金预算支出功能相同的支出以及与其支出功能不同的支出，结果发现政府性基金预算支出的增加不会影响与其支出功能相同的一般公共预算的支出，但是会增加与其功能不同的一般公共预算的支出，这说明政府性基金预算支出对一般公共预算支出具有替代效应，即由于额外的政府性基金预算资源的支持，原来用于该功能的一般公共预算支出资源会撤出，用于其他的用途，进而导致一般公共预算总支出规模的增加。政府性基金预算支出对一般公共预算支出的替代效应从另一个侧面说明了政府性基金预算可能会降低公共资源的配置效率，导致政府规模不断扩大。而且，政府还可能会策略性地利用政府性基金预算来扩大其支出规模，实现预算最大化的目的。

第 6 章

政府性基金预决算偏离的实证分析

党的十九大报告对我国预算制度提出了新的更高的要求,即要建立全面规范透明、标准科学、约束有力的预算制度。这是对整个预算体系提出的要求,自然也就是对政府性基金预算提出的要求。近年来,随着各级政府对政府性基金预算管理重视程度的不断加强,政府性基金预算管理水平在不断提高。但是,由于体制机制等多方面的原因,目前政府性基金预算管理仍不尽科学规范,存在预算编制比较粗放,预算范围不完整[①],预算透明度不够,预算约束力不强等诸多问题。这与现代预算制度要求的全面规范、公开透明、标准科学、约束有力还有一定的差距。预算是一个诸多环节有机结合的过程(徐阳光,2011),政府性基金预算也是一个多环节、全流程的概念,体现在预算管理过程的各个环节(如编制、执行、调整、决算、监督)之中。理论上并没有一个很好的指标来衡量政府性基金预算管理的问题,本书借鉴现有研究分析一般公共预算管理水平的一个重要指标——预决算偏离度,来考察我国政府性基金预算管理的问题。

6.1 政府性基金预决算偏离的概念与制度背景

6.1.1 预决算偏离度与政府性基金预决算偏离度

按照高培勇(2008)的定义,预决算偏离度是指在经立法机关审查批准

[①] 主要是预算编制范围不够完整,如上级财政没有提前告知对下转移支付预计数,地方各级财政要完整编报上级的各项补助收入,进一步提高政府性基金预算编制的完整性。所以预算的全面完整性还涉及政府间的转移问题,上级对下级的补助,下级对上级的上解等。总之,各级政府的全部收支都要纳入预算,既包括横向的收支,也包括纵向的收支。

的政府预算收支同作为其实际执行结果的政府决算收支之间出现了差异。在数值上，预决算偏离度＝（决算数－预算数）/预算数＊100，单位:%。他进一步强调指出，预决算偏离度是一个带有价值判断的概念，更中性的叫法是预决算差异度。与之相关的概念有预算执行偏离度、预算执行率[①]以及预算松弛等，这些相似或相关的概念在预算管理理论和实践中或多或少都会有所提及[②]。同样地，参考高培勇（2008）的定义，我们可以给政府性基金预决算偏离度下一个定义：所谓的政府性基金预决算偏离度，指的是经立法机关审查批准的政府性基金预算收支同作为其实际执行结果的政府性基金决算之间出现的差异度。数值上，政府性基金预决算偏离度＝（政府性基金预算收支的决算数－政府性收支预算的预算数）/政府性基金收支预算数＊100，单位:%。

预决算偏离度是考评预算与决算规模和结构之间差异状况的一个指标（高培勇，2007），在一定程度上，它也是反映预算管理水平一个重要的指标。预决算偏离度过大，可能反映了预算编制不科学、预算约束无力[③]、资金浪费、资金使用效率不高等问题。一般而言，由于受到多种主观和客观因素的影响，预算和决算之间出现差异是一个常态化的现象。预决算之间完全相等则是偶然，这一点就像经济运行中的均衡和非均衡状态，均衡是偶然，非均衡是常态和必然。但是，如果预算和决算之间的差异过大，并且长期来看这种差异没有缩小的趋势，就必须要予以高度重视。因为，预算和决算之间长期持续的差异会使预算的法治性、规范性、科学性以及约束力大打折扣。如果预决算之间的差异长期过大且并未改善，我们所要建设的现代预算制度也会落空。严格来讲，每年经过各级立法机关审核批准的预算草案就是法律（即预算的法律性或法治性），各级政府及其部门必须严格遵照执行，否则就涉嫌违法。

---

① 预决算偏离度＝（决算数－预算数）/预算数＊100，单位:%。在指标测算上预算执行偏离度与预决算偏离度一致；而预算执行率＝决算数/预算数＊100，单位:%，所以预决算偏离度＝预算执行率－100。

② 例如，《国务院关于2012年度中央预算执行和其他财政收支的审计工作报告》在政府性基金预算管理情况中提到中央本级代编的基金项目预算执行率低；另外，《关于进一步加强地方财政结余结转资金管理的通知》要求加强地方政府性基金结余结转资金管理，对连续两年及以上预算执行率达不到80%的基金支出项目，可在其资金管理办法规定的用途和使用范围内，将其累计结余资金调整到其他同类项目；确实无法执行的，研究将其累计结余资金调剂用于急需资金的建设项目和公共事业发展支出。

③ 高培勇教授在接受涉外税务杂志社专访时（高培勇，2008）直接指出，如果预决算偏离度持续偏大，还将会致预算约束在"名实不符"的尴尬境地。

在预决算偏离度这一相对规范的概念框架下的研究在国内出现的比较晚,最早是由高培勇教授提出并呼吁大家关注的。而且,他当时提出这一概念是针对公共财政预算(也就是现在所称的一般公共预算)提出的。其实,这并不是一个新问题,它就是以前已经提到财政或预算超收(支)和短收(节支)的问题①。预决算偏离反映出来的结果就是政府决算相对于预算的超收(超支)和短收(节支)。只是,以前没有提出预决算偏离度这个概念,人们的关注程度也没有那么高罢了。例如,高培勇(2006)曾就财政超收和超支的问题呼吁强化预算约束,扭转政府预算约束弱化或软化的势头。

现在对于预决算偏离度的研究主要集中在一般公共预算上。据作者所知,目前还没有见到对政府性基金预算的预决算偏离度问题的研究,不论是全国、中央还是地方总体层面的政府性基金预决算偏离度问题暂时都没有研究,更遑论是地方政府层面的研究。唯有一篇较早的文献(马新智、郑石桥和单新涛,2009)在预算松弛②的概念下考察过相似的问题,这篇文献是以新疆维吾尔自治区的数据为例考察了政府性基金预算松弛的问题,虽然在概念表述上有所不同,但是所反映的问题基本上是一样的。

本章我们直接在预决算偏离度的概念框架下考察政府性基金预算管理的问题,并对产生这一问题的原因进行规范化和实证化的分析,具有一定的探索性和创新性。

6.1.2 政府性基金预算管理的流程或程序

预算是一个诸多环节有机结合的过程(徐阳光,2011)。这里结合相应的法律和文件简要地介绍政府性基金预算管理的主要流程,为后面的分析奠定一个制度背景和基础。分析预决算偏离的主要原因,首先可以从政府预决算偏离度概念入手。预决算偏离度主要是预算收支与决算收支之间的差异,

---

① 注意,不是赤字和盈余的问题,因为赤字和盈余是固定的概念。而且,超收和增收也要区别开来,超收的基础是当年的预算数,增收的基础一般是上一年的决算数。

② 预算松弛(budget slack)最早是财务和会计领域的一个概念,指的是预算责任人在编制收入预算时,有意地低估收入,将其确定在自己预期的能力之下;而在编制支出或成本预算时,则有意地高估支出或成本。这其实是预算责任人(代理人)在预算编制和执行过程中的一种机会主义和策略性行为。因为收入预算和决算对比的结果展现的是创造收入或资源筹集(汲取)的能力,代理人在预算编制时故意低估收入为展现自己的收入能力留下空间;而支出预算代表的则是成本或资源的使用和消耗,在编制预算时通过高估成本和支出为执行时的成本控制打下基础。

所以分析预决算偏离产生原因也要从预算编制到预算执行结果（即决算）这样一个过程中去寻找。当然这只是概念字面意义分析的结果，预决算偏离背后可能还有其深刻的制度或体制机制原因。

早在1996年的《政府性基金预算管理办法》[①] 就规定了政府性基金预算管理的总原则是：基金全额纳入预算管理，实行收支两条线，收入全额上缴国库，先收后支，专款专用；在预算上单独编列，自求平衡，结余结转下年继续使用。尽管该办法有其历史局限性，但是后来的关于政府性基金预算的各项规定基本上都是以此为基础，而且这一条总原则的基本精神也没有变化。

《预算法（2014年）》第九条第一款给出了政府性基金预算的定义和收支范围。政府性基金属于非税收入，全额纳入财政预算，实行"收支两条线"管理。政府性基金收支纳入政府性基金预算管理。

（1）政府性基金预算的编制管理。

● 政府性基金预算的编制原则

《预算法（2014年）》规定，政府基金预算应当根据基金项目收入情况和实际支出需要，按基金项目编制，做到以收定支。[②]《政府性基金管理暂行办法》规定，政府性基金预算编制遵循"以收定支、专款专用、收支平衡、结余结转下年安排使用"的原则。[③] 政府性基金支出根据政府性基金收入情况安排，自求平衡，不编制赤字预算。各项政府性基金按照规定用途安排，不得挪作他用。各级财政部门应当建立健全政府性基金预算编报体系，不断提高政府性基金预算编制的完整性、准确性和精细化程度。

但是，上述"结余结转下年安排使用"原则也有例外的情形：

第一，结余资金可调剂到其他项目或其他项的情形：对连续两年及以上预算执行率达不到80%的基金支出项目，其累计结余资金可调剂用于其他同类项目；确实无法执行的，研究将其累计结余资金调剂用于急需资金的建设项目和公共事业发展支出。[④]

第二，结转资金规模较大的，应调入一般公共预算统筹使用：每一项政府性基金结转资金规模一般不超过该项基金当年收入的30%。[⑤] 对政府性基

[①] 《财政部关于制发政府性基金预算管理办法的通知》。
[②] 《预算法（2014年）》第九条第二款。
[③] 《政府性基金管理暂行办法》。
[④] 《财政部关于进一步加强地方财政结余结转资金管理的通知》。
[⑤] 《国务院办公厅关于进一步做好盘活财政存量资金工作的通知》。

金预算结转资金规模超过该项基金当年收入30%的部分,应补充预算稳定调节基金统筹使用。①

- 政府性基金编制的具体规定

政府性基金使用部门和单位(以下简称"使用单位")负责编制涉及本部门和单位的有关政府性基金收支预算。政府性基金使用单位编制年度相关政府性基金预算,逐级汇总后报同级财政部门审核。各级财政部门在审核使用单位年度政府性基金预算的基础上,编制本级政府年度政府性基金预算草案,经同级人民政府审定后,报同级人民代表大会审查批准。财政部汇总中央和地方政府性基金预算,形成全国政府性基金预算草案,经国务院审定后,报全国人民代表大会审查批准。

(2)政府性基金预算的执行与调整管理。

《政府性基金管理暂行办法》对政府性基金预算的执行作了规定,具体如下:

一是各级财政部门要加强政府性基金预算执行管理,按照经同级人民代表大会批准的政府性基金预算和政府性基金征收缴库进度,以及国库集中支付的相关制度规定及时支付资金,确保政府性基金预算执行均衡。

二是政府性基金使用单位要强化预算执行,严格遵守财政部制定的财务管理和会计核算制度,按照财政部门批复的政府性基金预算使用政府性基金,确保政府性基金专款专用。

三是政府性基金预算调整必须符合法律、行政法规规定的程序。

(3)政府性基金决算。

政府性基金使用部门和单位(以下简称"使用单位")负责编制涉及本部门和单位的有关政府性基金收支决算。

政府性基金使用单位按照财政部统一要求以及同级财政部门的有关规定,根据年度相关政府性基金预算执行情况,编制政府性基金决算,报同级财政部门审核。

各级财政部门汇总编制本级政府性基金决算草案,经同级人民政府审定后,报同级人民代表大会常务委员会审查批准。

财政部汇总中央和地方政府性基金决算,形成全国政府性基金决算草案,经国务院审定后,报全国人民代表大会常务委员会审查批准。

---

① 《国务院关于印发推进财政资金统筹使用方案的通知》。

6.2 政府性基金预决算偏离的现状

政府性基金预决算偏离度是政府性基金预算执行结果与年初预算的对比，可以反映出政府性基金预算管理的一些问题。在前文有关政府性基金预决算偏离度概念和政府性基金预算管理程序和流程的基础上，本节分别从总体和地区层面重点分析了我国政府性基金预决算偏离的现状。

6.2.1 总体层面的政府性基金预决算偏离度

关于政府性基金收入预决算偏离的问题。通过分析我们可以发现政府性基金收入预决算偏离存在以下几个特点：其一，政府性基金预算收入方面存在较大的预决算偏离度。这个既可以从政府性基金预决算偏离度的绝对数字上看到（见表6-1），还可以从政府性基金预算与一般公共预算的对比上发现（见表6-2）。对于一般公共预决算偏离的问题，从全国、中央和地方总体层面的数据来看，从2012年开始我国一般公共预算的预决算偏离度显著缩小，而且已经稳定维持在国际标准5%以内，且大多数年份的数值甚至更低，可以说，一直以来我国一般公共预算被诟病的预决算偏离度高的问题得到较好的治理和根本的扭转，其治理的经验可以推广到政府性基金预算上。其二，从政府性基金预算收入级次上看，中央政府性基金收入预决算偏离度明显低于地方政府性基金（本级）收入预决算偏离度。其三，地方政府性基金收入偏离度高的原因是国有土地使用权出让收入预决算偏离度高，而且政府性基金收入预决算偏离度的最大值出现在国有土地使用权出让收入上。其四，全国政府性基金收入是中央政府性基金收入和地方政府性基金本级收入的加总，其预决算偏离度是中央和地方本级的加权平均，其预决算偏离度位于二者之间，且更靠近地方本级，因为地方收入总量大从而权重也大。其五，除了极少数年份外，政府性基金收入预决算偏离度都是正的较大的数字，即政府性基金收入存在持续高额的超收，但是，中央政府例外。2010～2017年政府性基金收入预决算偏离度见图6-1。

对于政府性基金支出预决算偏离度，与政府性基金收入预决算偏离有相似的结论（见表6-3）。总之，不考虑中央层面的话，无论是基金收入还是基金支出，除了2015年以外，政府性基金预算的决算数都比预算数要高，而

第6章 政府性基金预决算偏离的实证分析

表6-1 政府性基金收入预决算对比

项目		2010年	2011年	2012年	2013年	2014年	2015年	2016年	2017年
全国政府性基金收入（亿元;%）	预算数	18704.49	25821.74	34796.76	36756.15	47309.23	48873.38	37173.74	47174.66
	决算数	36785.02	41363.13	37534.90	52268.75	54113.65	42338.14	46643.31	61462.49
	决算数比预算数	196.66	160.19	107.87	142.20	114.38	86.63	125.47	130.29
	预决算偏离度	96.66	60.19	7.87	42.20	14.38	-13.37	25.47	30.29
中央政府性基金收入（亿元;%）	预算数	2554.49	2826.27	2990.35	3619.13	4168.62	4363.87	4271.65	3706.49
	决算数	3175.75	3130.82	3318.16	4238.44	4108.08	4118.19	4178.12	3824.77
	决算数比预算数	124.32	110.78	110.96	117.11	98.55	94.37	97.81	103.19
	预决算偏离度	24.32	10.78	10.96	17.11	-1.45	-5.63	-2.19	3.19
地方政府性基金本级收入（亿元;%）	预算数	16150.00	22995.47	31806.41	33137.02	43140.61	44509.51	32902.09	43468.17
	决算数	33609.27	38232.31	34216.74	48030.31	50005.57	38219.95	42465.19	57637.22
	决算数比预算数	208.11	166.26	107.58	144.94	115.91	85.87	129.07	132.60
	预决算偏离度	108.11	66.26	7.58	44.94	15.91	-14.13	29.07	32.60
其中，国有土地使用权出让收入（亿元;%）	预算数	13655.17	19753.41	27010.66	27404.01	36371.31	39452	28248.60	38568.62
	决算数	30108.93	33172.90	28517.82	41266.18	42606.08	32545.75	37479.05	52059.01
	决算数比预算数	220.49	167.94	105.58	150.58	117.14	82.49	132.68	134.98
	预决算偏离度	120.49	67.94	5.58	50.58	17.14	-17.51	32.68	34.98
地方政府性基金收入（亿元;%）	预算数	17310.08	24226.97	33116.74	34973.16	44693.82	45924.82	34016.68	44592.02
	决算数	34341.97	39178.93	35396.20	49450.49	51361.19	39558.88	43575.31	58623.31
	决算数比预算数	198.39	161.72	106.88	141.40	114.92	86.14	128.10	131.47
	预决算偏离度	98.39	61.72	6.88	41.40	14.92	-13.86	28.10	31.47

注：全国政府性基金收入＝中央政府性基金本级收入＋地方政府性基金收入；地方政府性基金收入＝地方政府性基金本级收入＋中央对地方转移支付。

资料来源：财政部官网。

表6-2 政府性基金预算与一般公共预算收入预决算偏离的对比

项目		2010年	2011年	2012年	2013年	2014年	2015年	2016年	2017年
全国收入预决算偏离度（%）	政府性基金预算	96.66	60.19	7.87	42.20	14.38	-13.37	25.47	30.29
	一般公共预算	12.41	15.78	3.22	2.04	0.60	-1.32	1.53	2.33
中央收入预决算偏离度（%）	政府性基金预算	24.32	10.78	10.96	17.11	-1.45	-5.63	-2.19	3.19
	一般公共预算	11.64	11.92	0.46	0.23	0.18	0.05	2.54	3.19
地方本级收入预决算偏离度（%）	政府性基金预算	108.11	66.26	7.58	44.94	15.91	-14.13	29.07	32.60
	一般公共预算	13.22	19.81	5.89	3.67	0.97	-2.43	0.70	1.59
地方收入预决算偏离度（%）	政府性基金预算	98.39	61.72	6.88	41.40	14.92	-13.86	28.10	31.47
	一般公共预算	9.74	13.92	3.56	1.39	0.35	-2.05	1.37	0.64

资料来源：财政部官网。

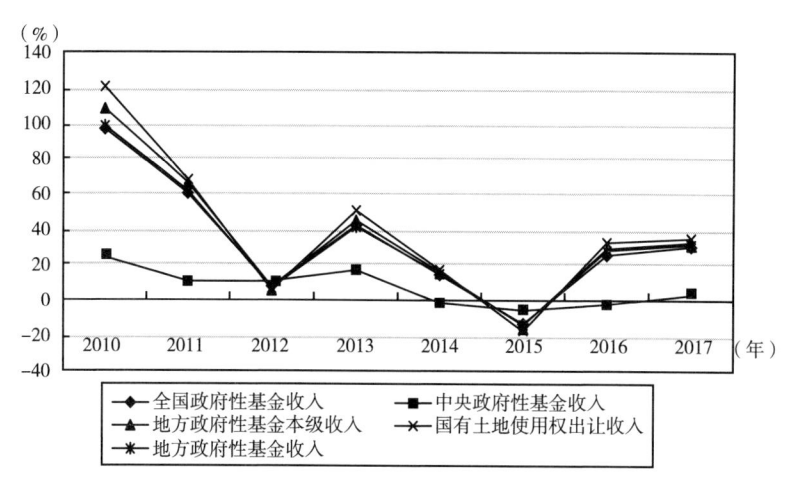

第6章 政府性基金预决算偏离的实证分析

图6-1 政府性基金收入预决算偏离度

且有些年份决算数远远超过预算数，如2010年政府性基金收入决算数接近预算数的两倍。这可能反映出预算编制的不科学、不精细，以及预算执行不严格、不规范的问题。2015年特别的原因是将原属于政府性基金预算管理的项目转列入一般公共预算，但是由于预算编制的办法基本是基数加增量的增量编制办法，而非零基预算办法，在预算上体现出惯性，预见性不足，实际执行过程中收支都发生了很大的变化，从而导致决算数低于预算数，这反映的问题是预算编制不精细、不科学的问题。2010~2017年政府性基金支出预决算偏离度见图6-2。

关于政府性基金收支的对比（见表6-4），有几点需要明确：其一，政府性基金收入不包含地方政府发行的专项债券收入，但是支出包含对应专项债务收入安排的支出；其二，收支差额是当年政府性基金收入与当年政府性基金支出之差，因此政府性基金收支差额反映的是基金当年盈余或赤字。通过对比政府性基金收入与支出的预决算偏离度我们还会发现二者之间高度同步，"相伴而生、形影相随"，尤其是在全国和地方层面，中央例外（见图6-3）。原因可能是收入预决算的偏离导致支出预决算的偏离。这和政府性基金预算的以收定支的预算原则密切相关。

政府性基金收支差额包括预算收支差额和决算收支差额（见表6-5）。（1）对于基金预算收支差额，在编制预算的过程中当年的收入总是无法覆盖当年的支出，这与政府性基金预算的管理原则是相悖的，《预算法（2014年）》第九条规定，"政府性基金预算应当根据基金项目收入情况和实际支出

表6-3 政府性基金支出预决算对比

项目		2010年	2011年	2012年	2013年	2014年	2015年	2016年	2017年
全国政府性基金支出（亿元;%）	预算数	19360.20	26611.90	35614.07	37537.17	48116.19	50594.10	41421.91	55473.16
	决算数	33951.16	39946.61	36330.87	50500.86	51463.83	42347.11	46878.32	60700.22
	决算数比预算数	175.37	150.11	102.01	134.54	106.96	83.70	113.17	109.42
	预决算偏离度	75.37	50.11	2.01	34.54	6.96	-16.30	13.17	9.42
中央本级政府性基金支出（亿元;%）	预算数	2050.12	2384.93	2497.33	2564.01	3422.37	3669.28	3405.23	2881.14
	决算数	2284.05	2156.86	2175.17	2759.28	2963.87	3024.49	2889.86	2683.60
	决算数比预算数	111.41	90.44	87.10	107.62	86.60	82.43	84.87	93.14
	预决算偏离度	11.41	-9.56	-12.90	7.62	-13.40	-17.57	-15.13	-6.86
中央政府性基金支出（亿元;%）	预算数	3210.20	3616.43	3807.66	4400.15	4975.58	5084.59	4519.82	4004.99
	决算数	3016.75	3103.48	3354.63	4179.46	4319.49	4363.42	3999.98	3669.19
	决算数比预算数	93.97	85.82	88.10	94.98	86.81	85.82	88.50	91.62
	预决算偏离度	-6.03	-14.18	-11.90	-5.02	-13.19	-14.18	-11.50	-8.38
地方政府性基金支出（亿元;%）	预算数	17310.08	24226.97	33116.74	34973.16	44693.82	46924.82	38016.68	52592.02
	决算数	31667.11	37789.75	34155.70	47741.58	48499.96	39322.62	43988.46	58016.62
	决算数比预算数	182.94	155.98	103.14	136.51	108.52	83.80	115.71	110.31
	预决算偏离度	82.94	55.98	3.14	36.51	8.52	-16.20	15.71	10.31
其中,国有土地使用权出让收入相关支出（亿元;%）	预算数	14214.12	20339.57	28241.05	28046.04	36871.14	39778.77	32024.08	46468.72
	决算数	28304.68	33170.44	28604.80	40877.76	41227.80	32890.78	38517.87	51779.63
	决算数比预算数	199.13	163.08	101.29	145.75	111.82	82.68	120.28	111.43
	预决算偏离度	99.13	63.08	1.29	45.75	11.82	-17.32	20.28	11.43

注：全国政府性基金支出＝中央本级政府性基金支出＋地方政府性基金支出；中央政府性基金支出＝中央本级政府性基金支出＋中央对地方转移支付。

资料来源：财政部官网。

表6-4　政府性基金预算与一般公共预算支出预决算偏离的对比

项目		2010年	2011年	2012年	2013年	2014年	2015年	2016年	2017年
全国支出预决算偏离度（%）	政府性基金预算	75.37	50.11	2.01	34.54	6.96	-16.30	13.17	9.42
	一般公共预算	6.32	9.01	1.33	1.42	-0.82	2.55	3.90	4.35
中央本级支出预决算偏离度（%）	政府性基金预算	11.41	-9.56	-12.90	7.62	-13.40	-17.57	-15.13	-6.86
	一般公共预算	-0.37	-3.14	1.33	1.33	0.28	2.12	0.18	-0.78
中央支出预决算偏离度（%）	政府性基金预算	-6.03	-14.18	-11.90	-5.02	-13.19	-14.18	-11.50	-8.38
	一般公共预算	3.58	3.82	0.01	-1.54	-0.96	-0.97	1.07	-0.70
地方支出预决算偏离度（%）	政府性基金预算	82.94	55.98	3.14	36.51	8.52	-16.20	15.71	10.31
	一般公共预算	7.89	11.50	1.81	1.87	-0.63	2.98	4.90	5.28

资料来源：财政部官网。

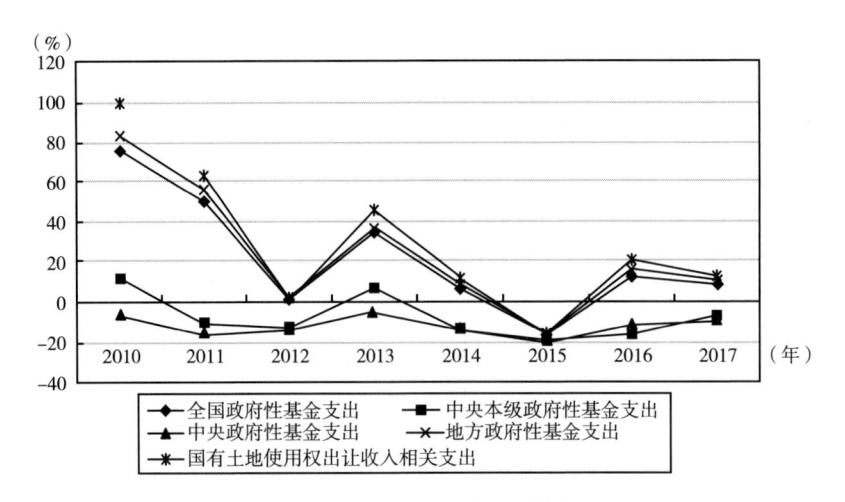

图 6-2　政府性基金支出预决算偏离度

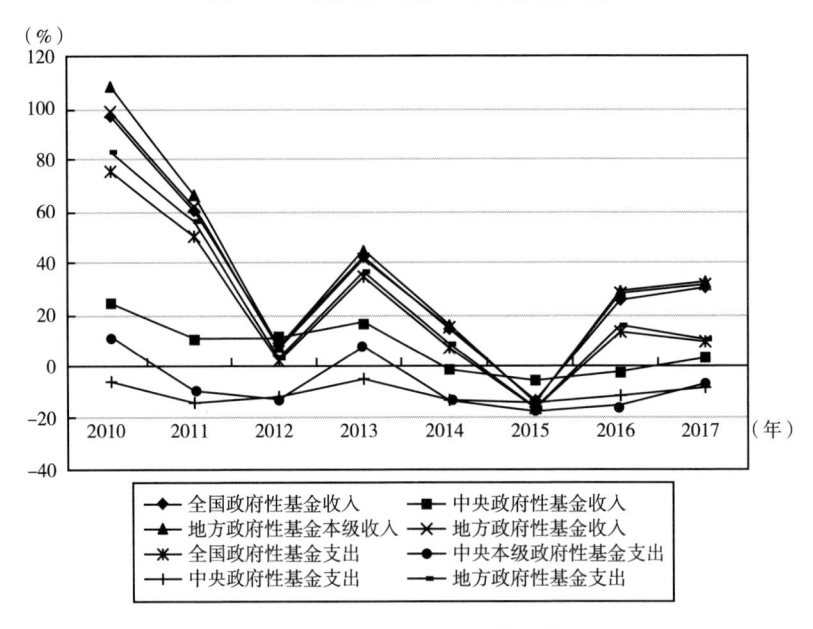

图 6-3　政府性基金收支预决算偏离度对比

需要，按基金项目编制，做到以收定支。"《政府性基金管理暂行办法》第二十六条规定：政府性基金预算编制遵循"以收定支、专款专用、收支平衡、结余结转下年安排使用"的原则。另外，《政府性基金预算管理办法》规定的政府性基金预算管理总原则"先收后支、专款专用、自求平衡，结余结转下年继续使用"，既然要求以收定支，那么在编制预算时就应该基本平衡，不列赤字。这反过来又说明另外一个问题，就是以前年度资金使用效率不高，

第6章 政府性基金预决算偏离的实证分析

表6-5 政府性基金预决算收支差额

项目			2010年	2011年	2012年	2013年	2014年	2015年	2016年	2017年
全国政府性基金收支差额（亿元）	绝对	预算数	-655.71	-790.16	-817.31	-781.02	-806.96	-1720.72	-4248.17	-8298.50
		决算数	2833.86	1416.52	1204.03	1767.89	2649.82	-8.97	-235.01	762.27
	相对（%）	预算数	-3.51	-3.06	-2.35	-2.12	-1.71	-3.52	-11.43	-17.59
		决算数	7.70	3.42	3.21	3.38	4.90	-0.02	-0.50	1.24
中央政府性基金收支差额（亿元）	绝对	预算数	-655.71	-790.16	-817.31	-781.02	-806.96	-720.72	-248.17	-298.50
		决算数	159.00	27.34	-36.47	58.98	-211.41	-245.23	178.14	155.58
	相对（%）	预算数	-25.67	-27.96	-27.33	-21.58	-19.36	-16.52	-5.81	-8.05
		决算数	5.01	0.87	-1.10	1.39	-5.15	-5.95	4.26	4.07
地方政府性基金收支差额（亿元）	绝对	预算数	0	0	0	0	0	-1000	-4000	-8000
		决算数	2674.86	1389.18	1240.50	1708.91	2861.23	236.26	-413.15	606.69
	相对（%）	预算数	0	0	0	0	0	-2.18	-11.76	-17.94
		决算数	7.79	3.55	3.50	3.46	5.57	0.60	-0.95	1.03

注：（1）相对差额是绝对差额除以相应级次政府性基金收入；（2）全国政府性基金收支差额＝全国政府性基金收入－全国政府性基金支出；中央政府性基金收支差额＝中央政府性基金收入－中央政府性基金支出；地方政府性基金收支差额＝地方政府性基金收入－地方政府性基金支出＋地方政府性基金收支差额的预算数其实就是地方政府发行的专项债，即专项债＝地方政府性基金预算支出－地方政府性基金预算收入。

资料来源：财政部官网。

结余较多，所以预算编制时所留赤字由以前年度结转收入来弥补（不过从 2015 年开始发行地方政府专项债，这也是弥补赤字的一种资金），这个指导思想在预算编制的过程中是存在的。（2）对于决算收支差额，从基金收支差额的决算数可以看出，除了 2015 年和 2016 年入不敷出略有赤字外，其他年份皆有大量结余，所考察年份历年结余弥补完赤字后年平均结余还有 1375.45 亿元。政府性基金本应该是处于资金紧张状态才对，而大量的结余说明我国政府性基金的使用效率低、资金管理水平也很低。值得注意的是，政府性基金一方面有结余，另一方面却要发债，发债要还本付息，这说明资金使用效率不高，预算管理水平低下，当然这和政府性基金专款专用的原则分不开，因为各个项目之间的资金是不能调剂使用的，因此在现实中可能会出现一个基金项目出现大量资金结余，而另一个项目资金缺口却需要发行专项债务来弥补。这从另一个侧面说明应该建立政府性基金预算的动态评估机制，根据资金使用情况考虑调整征收标准等，也说明政府性基金项目要进行结构调整。

6.2.2　地区层面的政府性基金预决算偏离度

这里考察我国地区层面政府性基金预决算偏离度的分布情况。因为预决算偏离度有正有负，无法计算平均数，首先计算 2010～2016 年各地政府性基金收入与支出预算的执行率（决算数/预算数 * 100）的平均值，然后再用此值减去 100，以此来表示政府性基金预决算偏离度的平均值。

各地的政府性基金收入和支出预决算偏离差距较大，而且对比政府性基金收入和支出的预决算偏离度可以发现二者同步性较高，即同一地区如果收入预决算偏离度较高，支出预决算偏离度也会较高，这跟政府性基金预算以收定支的原则有关。除此之外，各地区的政府性基金预决算偏离度基本上没有显示出其他特定的地理（包括空间地理和经济地理）规律。所以，影响各地区政府性基金预决算偏离背后的因素值得我们去深入发掘和思考。本章接下来的部分将从实证角度尝试探讨影响政府性基金预决算偏离度背后重要的制度原因。

6.3　政府性基金收入预决算偏离度的实证检验

从前文的分析可以看出，我国的政府性基金预决算偏离度较大。因此有必要找到影响政府性基金预决算偏离度的因素，对症下药，只有这样才有望从根本上治理政府性基金预决算偏离的问题。对于造成我国政府性基金预决算偏离过大的原因，除了可以从预算和决算过程或程序中寻找之外，还应关注其他的影响因素，尤其是背后的体制机制原因。作者认为造成政府性基金预决算偏离度过大，客观和主观方面的原因都有。客观方面的原因，如政府性基金预算的项目多、预测难度大，尤其是其中的国有土地使用权出让金在收支上的波动性都很大，因为其受土地市场供求以及宏观经济政策影响很大，"随行就市"特点明显（邓秋云和邓力平，2016）。除了客观上预算编制方面的技术原因外，主观上地方政府在政府性基金预算收支上也会采取机会主义和策略性行为。这一部分我们将会从实证的角度来验证这一问题。

基于以下几方面的考虑，这里重点考察影响政府性基金收入预决算偏离的因素。第一，对于收入和支出预决算偏离之间的关系，已有文献研究认为收入预决算偏离是矛盾的主要方面，收入上的偏离导致支出上的偏离，如高培勇（2008）；第二，我国的《预算法（2014年）》以及政府性基金预算管理的相关文件①确立了政府性基金预算的基本原则，即"先收后支""以收定支、专款专用""收支平衡、结余结转下年安排使用"等，这从制度上规定了收支之间的联系，也决定了政府性基金支出预决算偏离在很大程度上受到收入预决算偏离的影响。不过，对于第一点现有文献研究侧重于对一般公共预算预决算偏离的分析，因此第二点原因才是最重要、最根本的原因。

对于影响政府性基金预算收入的因素，可以在政府性基金预算编制的相关文件中找到相应的线索。如《关于2014年中央和地方预算执行情况与2015年中央和地方预算草案的报告》指出，政府性基金收入预算是在上年度基金收入预算执行情况基础上，综合考虑收入基础、物价变动、政策调整等因素编制。另外，《关于进一步加强地方政府性基金预算管理的意见》指出政府性基金收入预算要根据经济形势变化和政策调整情况作出科学、准确的预测。根据这些涉及政府性基金收入预算编制的相关文件可以确定一些影响政府性基金预算收入的重要因素，如上年度基金收入决算数、收入基础、物价、调整政策。

除了以上这些文件中明文规定的因素以外，预决算偏离度还会受到一些隐性的制度因素的影响，如高培勇（2008）指出预算各环节（包括编制、执

---

① 主要是《政府性基金预算管理办法》与《政府性基金管理暂行办法》。

行和监督）中存在的体制机制性缺陷才是造成预决算偏离度过大的原因。冯辉与沈肇章（2015a、2015b），马海涛、白彦锋和旷星星（2017）认为政绩考核是影响一般公共预算偏离度的重要因素。国外的学者也有类似的研究（如 Bischoff and Gohout（2010）；Boylan（2008）以及 Krol（2014））。因此，本书借鉴前人的研究，在政治激励的框架下考察影响政府性基金收入预决算偏离度的因素。然而，之前的学者大多是考察一般公共预算收入预决算偏离度的问题，尽管马海涛、白彦锋和旷星星（2017）将其细化，考察了一般公共预算中非税收入的预决算偏离度问题，目前还没有实证研究考察过政府性基金收入预决算偏离度的影响因素。作者认为与一般公共预算相比，政府对政府性基金预算的管理并不严格，主要是长期以来我们国家一直存在着重预算内资金管理而轻预算外资金管理的倾向，而政府性基金预算是由预算外管理发展而来的，从而导致地方政府重视一般公共预算管理而轻视政府性基金预算管理。正是在这种管理观念或理念的影响下，政府尤其是地方政府对政府性基金预算管理的灵活性和自由度都比较大，因此就会存在政府性基金预算约束性不强的问题，从而导致预决算偏离度过大的问题。

相对于一般公共预算，地方政府在政府性基金预算上的策略性行为可能会更强。具体而言，地方政府在政府性基金收入预算编制时会主动留下空间，这是一种机会主义和策略性的行为。与一般公共预算相似，地方政府在编制政府性基金收入预算时参考的主要指标是本年度辖区内的预期 GDP 增速目标，一般是在预期 GDP 基础上加几个百分点。而上级在对下级进行政绩考核时，考察的是实际 GDP 及其增速。而且，实际 GDP 及其增速是包括政府性基金收入在内的所有财政收入的基础，决定了政府性基金收入的可能或收入盘子的大小。地方政府可以将政府性基金的超预算收入专项用于支持地方特定公共基础设施建设和特定公共事业发展[①]，这些项目绝大部分都属于生产性支出，有利于促进地方经济增长。而很多研究都支持地方政府存在生产性支出偏好或偏向（尹恒和朱虹，2012），当然绝大部分研究指的都是一般公共预算的生产性支出偏向。仅有极少数文献注意到政府性基金预算的生产性支出偏向，如胡文骏、刘晔（2016）指出地方政府的生产性支出偏向主要来自政府性基金预算支出。

[①] 这符合政府性基金的定义以及政府性基金预算的预算原则。定义规定收入专项用于支持特定基础设施建设和特定公共事业发展，预算原则要求以收定支、专款专用，结余结转下年继续使用。地方政府在政府性基金预算上的列收列支、大收大支的现象和问题依然存在。

6.3.1 变量与数据

(1) 被解释变量。

政府性基金收入预决算偏离度（unrev）：文献中有两种衡量办法，一种是决算数减预算数然后除以预算数；另一种是直接用决算数除以预算数，两种方法都可以衡量决算与预算之间的偏离，第二种衡量方法一般被称作预算执行率[①]。这两种衡量方法回归的结果不会有本质的差异，原因是这两种衡量方法之间有严格的线性关系，即预算执行率=预决算偏离度+100，所以差别就在常数项或截距项而已。鉴于第二种衡量方式名称的原因，我们这里依然使用第一种衡量方法。各省（自治区、直辖市）政府性基金预算和决算的数据来源于相应省（自治区、直辖市）在两会上提交的关于上一年度的预算执行情况和本年度预算草案的报告，报告中缺乏的部分省（自治区、直辖市）的少部分数据来源于该省（自治区、直辖市）的财政年鉴和统计年鉴，除此之外，还有少部分数据利用万得数据库等收集以及其他办法[②]补充。

(2) 核心解释变量。

未预期的 GDP 增速（ungdp）：该值为实际的 GDP 增速减去 GDP 预期增速目标值。预期 GDP 增速目标由作者在各省（自治区、直辖市）政府工作报告中收集而来。其中，河南省 2011 年的 GDP 增速目标是高于全国平均水平 1~2 个百分点，就在全国平均水平的基础上加上 1 个百分点作为河南省的预期 GDP 增速目标；上海市在 2015 年未设 GDP 增长目标，取前后两年即 2014 年和 2016 年 GDP 增长目标的中间值；另外，还有一些年份各地的 GDP 增长目标设置的是区间值，对于这种情况本书取该区间的下临界值，因为地方政府在设置区间目标时的考虑就是弹性和空间，只要达到最低目标就是达标；除此之外，还有部分省份设置的目标中出现"左右"和"以上"的，就以该值为 GDP 预期增长目标。实际 GDP 增速采用各省（自治区、直辖市）实际

[①] 主要有以下两点考虑：第一，第一种衡量方法得出的结果有正有负，不利于求平均，因为正负数之间会相互抵消；第二，第二种衡量办法是除式，对除式取对数以后可以直接转化为线性关系，在理论推导时更好处理，在理论推倒时可以很方便地将影响决算数和预算数的因素全部都考虑进去写作两个抽象函数之商。

[②] 如某年缺失一个省（自治区、直辖市）的数据，就使用全国地方本级政府性基金收入总和减去其他省（自治区、直辖市）数据之和。如果缺失多个省份（自治区、直辖市）数据则利用前后年份平均数的比例将全国地方本级收入与其他省（自治区、直辖市）加总数据之差在多个地区之间分配。

GDP 的增速。根据前文假说，预期的 GDP 增速的符号为正。

（3）其他控制变量。

参考已有文献（冯辉、沈肇章，2015a、2015b；胡文骏、刘晔，2016；马海涛、白彦锋和旷星星，2017）以及前文关于政府性基金收入编制的参考指标，我们选择以下变量作为控制变量：

政府性基金收入计划任务（revplan）：（本年度政府性基金收入预算数 - 上年度基金收入决算数）/上年度基金收入决算数 * 100%。2009 年的政府性基金收入数据来自《地方财政统计资料 2009》。

上年度基金收入决算情况（lastrevg）：上年度基金收入决算数/GDP * 100%。这个是本年度基金收入预算编制参考的基础。2009 年的政府性基金收入数据来自《地方财政统计资料 2009》。

土地出让价格（lnlandp）：用土地出让价格的自然对数值表示。考虑到国有土地出让收入占政府性基金收入的绝大部分，所以影响土地出让收入的土地出让价格是影响政府性基金预算收入的重要因素。

一般公共预算收入规模（gffrg）：用一般公共预算收入/GDP * 100% 来表示。因为政府性基金预算与一般公共预算两本预算之间有一定的关系。尤其是 2015 年开始将部分政府性基金预算项目转列到一般公共预算管理以及部分基金收入直接转入一般公共预算。

物价变动（cpi）：用居民消费价格指数（CPI）的变动来表示。

失业率（unemploy）：用城镇登记失业率表示。

贸易开放度（open）：用进出口总额/GDP * 100% 来表示。因为进出口总额的数据以美元为单位，先使用人民币对美元的年平均汇率转化为人民币为单位的数据。

城镇化水平（urban）：用城镇人口占总人口的比例表示。

地方政府竞争（fdig）：用各地吸引的外商投资额占 GDP 的比重表示。跟贸易开放度一样先要进行单位转换，方法同贸易开放度。

非农化（indus）：用第二、第三产业产值之和与第一产业产值之比来表示。

民营化（myh）：用 100 - 国有单位就业人员占城镇总就业人员比重来表示。

这里使用的各变量的数据为 2010 ~ 2016 年的年度数据①，而且其数据来源如无特别说明，均来自 EPS 数据库和万得数据库。表 6 - 6 是主要变量的描

---

① 政府性基金收入计划任务（revplan）与上年度基金收入决算情况（lastrevg）使用了 2009 年的数据。

述性统计。

表 6-6 变量的描述性统计

变量	样本数	平均值	标准差	最小值	最大值
unrev	217	27.560	53.770	-54.450	380.300
ungdp	217	0.371	1.876	-8.500	6.000
lastrevg	217	5.702	2.682	0.137	13.570
revplan	217	5.208	39.370	-54.530	186.800
lnlandp	216	5.045	1.418	-2.623	7.244
urban	217	54.430	13.760	22.670	89.600
open	217	26.790	29.960	1.344	145.700
gffrg	217	11.120	3.086	5.982	22.730
fdig	217	30.410	30.140	4.733	173.100
cpi	217	2.824	1.342	0.567	6.338
unemploy	217	3.357	0.653	1.200	4.500
myh	217	72.890	10.380	46.890	91.660
indus	217	2119	4043	282.800	25640

资料来源：作者根据收集数据计算得出。

这里需要特别注意的是，对于政府性基金收入预决算偏离度（unrev）和未预期的 GDP 增速（ungdp），如果是非人为因素导致的预决算偏离或预测，误差在数值上应该是服从正态分布的。因此，有必要进一步检验二者是否服从正态分布。这里我们使用三种办法：其一，百分位数判断法，如果服从正态分布，正负数的概率大致相等，对于这一点我们可以简单地使用百分位数来判断，对于政府性基金收入预决算偏离度（unrev）第一个非负数为第 31 分位数（0.3922），即 30% 的数据小于 0 而 70% 的数据大于 0，对于未预期的 GDP 增速（ungdp）第一个非负数为第 40 分位数（0），即 39% 的数据小于 0 而 61% 的数据大于或等于 0；其二，核概率密度图示法，从图 6-4 中可以看出二者都不是正态分布，不过由于横轴刻度的原因，展现出来的效果不太清晰；其三，正态分布的标准检测法（如 SK test 和 JB test），以上判断结果可以在 SK test 和 JB test 检验中得到进一步验证，这两个检验的原假设都是服从正态分布，但是 p 值都是近乎 0 的数，检验的结果很简单，这里就不详述了。通过以上几个办法足以说明政府性基金收入预决算偏离度（unrev）和未预期的 GDP 增速（ungdp）都不是偶然因素造成的随机误差，更可能是其他因素造成的系统性偏误,因此有必要对这一原因进行实证分析和检验。

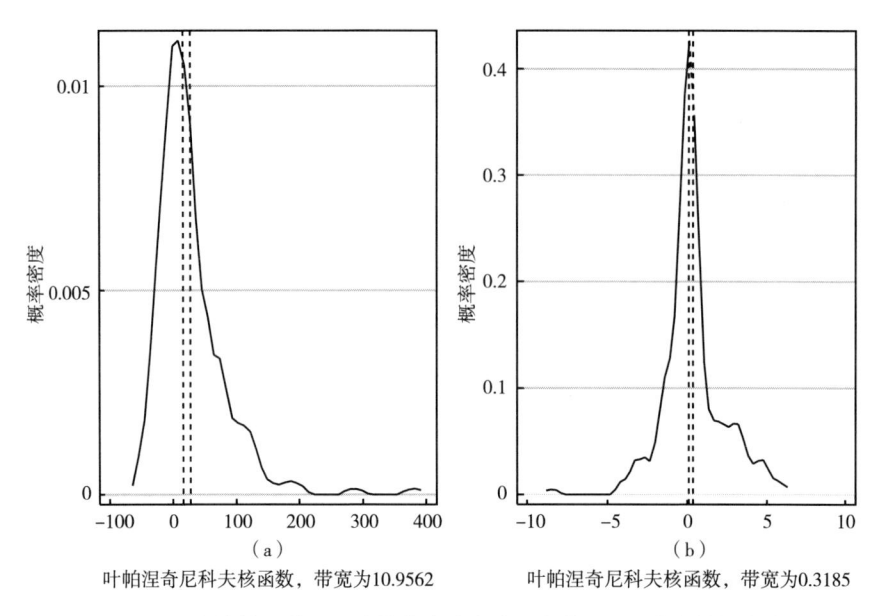

图 6-4 政府性基金收入预决算偏离度与未预期的 GDP 增速的概率密度

注:(a)图为政府性基金收入预决算偏离度(unrev)的概率密度图,(b)图为未预期的 GDP 增速(ungdp)的概率密度图;(a)图中的两条参考线从左至右分别为政府性基金收入预决算偏离度的中位数(16.293)和平均值(27.56);同理,(b)图中的两条参考线从左至右分别为未预期的 GDP 增速的中位数(0.1)和平均值(0.371)。

资料来源:作者根据收集数据绘制。

6.3.2 实证策略

内生性问题是实证模型必须考虑的重要问题。遗漏变量是一类重要的内生性问题。根据 Hausman 检验,我们使用面板固定效应模型,该模型可以控制那些无法观测且不随时间变化的个体固定效应。因此,可以在一定程度上克服遗漏变量偏误。除了遗漏变量会导致内生性问题之外,还有其他一些问题也会导致内生性问题,这里我们使用工具变量(IV)的办法解决内生性的问题。受李和戈登(Lee and Gordon,2005)以及王守坤、任保平(2008)的启发我们使用离某省份的距离倒数加权的 GDP 目标作为该省份 GDP 目标的 IV,然后用实际 GDP 增速减去该 GDP 目标的 IV,并以这个差值作为未预期的 GDP 增速的 IV。具体的距离权重是省会城市间距离的倒数 $1/d_{ij}(i \neq j)$

第6章 政府性基金预决算偏离的实证分析

并经过 $d_{ij}^{-1}/\sum d_{ij}^{-1}(i\neq j)$ 标准化处理。背后的逻辑是地区竞争或竞争锦标赛理论,一个地区在确定GDP预期增长目标的时候会参考临近地区的GDP目标,一般距离越近参考的价值可能越大。工具变量的检验在表6-7中给出。

另外,为了在一定程度上克服自相关和异方差问题,我们在估计的时候还将标准误聚类到各个省(自治区、直辖市)层面。

表6-7　　　　　　政府性基金收入预决算偏离的回归结果

变量	(1) unrev-FE	(2) unrev-FE	(3) unrev-FE	(4) unrev-IV	(5) unrev-IV	(6) unrev-IV
ungdp	14.85*** (6.50)	12.18*** (4.72)	8.940** (2.54)	16.95*** (6.59)	15.41*** (6.52)	10.26*** (4.01)
lastrevg		-13.20*** (-4.88)	-15.68*** (-7.61)		-12.36*** (-5.54)	-14.77*** (-6.60)
revplan		-0.392*** (-2.80)	-0.567*** (-3.21)		-0.430*** (-3.15)	-0.571*** (-4.02)
lnlandp			33.55*** (4.52)			33.63*** (4.70)
urban			-9.993** (-2.68)			-8.758*** (-2.78)
open			0.653 (1.11)			0.686 (1.41)
gffrg			-5.298 (-0.85)			-4.617 (-0.78)
fdig			0.0116 (0.04)			-0.164 (-0.62)
cpi			-2.844 (-0.63)			-3.953 (-0.98)
unemploy			6.023 (0.23)			4.357 (0.21)
myh			1.874 (1.32)			1.765 (1.33)
indus			-0.00408 (-1.11)			-0.00326 (-0.96)
_cons	22.47*** (28.66)	100.7*** (6.29)	395.1* (1.90)			

续表

变量	(1) unrev-FE	(2) unrev-FE	(3) unrev-FE	(4) unrev-IV	(5) unrev-IV	(6) unrev-IV
Underidentification test				0.0000	0.0000	0.0002
Weak identification test				517.671	379.190	173.304
N	217	217	216	217	217	216
R^2	0.276	0.396	0.574	0.270	0.386	0.562

注：括号内的是 t 统计量；R^2 为固定效应的组内 R^2；* 表示 $p<0.1$，** 表示 $p<0.05$，*** 表示 $p<0.01$；识别不足检验下的为 p 值，弱识别检验下的为瓦尔德 F 统计量。

6.3.3 结果与解读

表 6-7 为回归的基本结果，这里同时展示了普通面板固定效应和工具变量的估计结果，（1）至（3）列为普通的面板固定效应回归结果，（4）至（6）列为面板 IV 回归结果。两种回归办法下的回归结果并没有本质的差异。

在两种不同的估计方法下，核心解释变量未预期的 GDP 增速对政府性基金预算收入预决算偏离度的影响的符号、显著性并没有大的变化。不过，回归系数有一定的差距，而且普通面板固定效应的结果低估了未预期的 GDP 增速对政府性基金收入预决算偏离度的影响。未预期的 GDP 增速对政府性基金收入预决算偏离度的影响为正，且通过了 5% 的显著性检验，这就验证了本部分的核心假设，即地方政府在政府性基金收入预算编制的时候会通过策略性地低估 GDP 的预期增速目标，从而为政府性基金收入超收预留空间。

上年度基金收入决算数与预决算偏离度负相关，因为预算编制过程中普遍使用增量预算的编制方法，上一年度的预算实现数或决算数是本年度预算数的重要参考指标，因此上年度决算数与本年度预算数正相关，而从预决算偏离度的测算公式很容易得出上年度基金收入决算数和预决算偏离度负相关。

基金收入计划与预决算偏离度显著负相关，因为本书使用（本年度预算数 – 上年度决算数）/上年度决算数 * 100% 作为基金收入计划的衡量指标。按照这个指标的测算办法，它必然与本年度预算数正相关，因此这部分与偏离度负相关；与上年度决算数负相关，而上年度的决算数与偏离度负相关，这一部分与偏离度正相关，因此，最终的结果待定。但是因为控制了上年度决算数，所以结果更多地取决于前半部分，因此可能出现负相关的结果。

土地出让价格与预决算偏离度显著正相关。土地出让价格是影响国有土地出让收入的重要因素，而国有土地出让收入是政府性基金收入的大头，所以土地出让价格会影响基金收入预决算偏离度。当期的土地价格对当期基金决算收入的影响为正，因此对预决算偏离度有正向的影响。另外，其他控制变量的影响基本上不显著，由于不是核心变量，此处便不一一说明了。

6.3.4 稳健性检验

此处参考苑德宇（2014）、冯辉、沈肇章（2015a、2015b）的办法，采用实际人均政府性基金收入预决算偏离额的自然对数值作为政府性基金收入预结算偏离度的替代指标。这里的实际值是采用各省份 GDP 平减指数处理的结果，而 GDP 平减指数是通过各省份 GDP 指数计算得来的。表 6 - 8 为回归结果，（1）至（3）列为普通面板固定效应的结果，而（4）至（6）列为面板 IV 回归的结果。从结果可以看出两种估计办法的回归结果的符号和显著性基本没有变化。核心解释变量未预期的 GDP（ungdp）对人均政府性基金收入预决算偏离额的自然对数值显著为正。

表 6 - 8　　　　　政府性基金收入预决算偏离的稳健性检验

变量	（1） Lnrperunrev-FE	（2） Lnrperunrev-FE	（3） Lnrperunrev-FE	（4） Lnrperunrev-IV	（5） Lnrperunrev-IV	（6） Lnrperunrev-IV
ungdp	0.176 *** (5.40)	0.141 *** (3.51)	0.0371 ** (2.05)	0.199 *** (5.33)	0.173 *** (3.55)	0.0784 ** (2.16)
lastrevg		-0.136 * (-1.88)	-0.321 *** (-4.32)		-0.125 * (-1.84)	-0.310 *** (-4.72)
revplan		-0.00390 (-1.14)	-0.0100 *** (-3.07)		-0.00416 (-1.37)	-0.00997 *** (-3.10)
lnlandp			0.677 *** (3.25)			0.694 *** (4.22)
urban			-0.126 * (-1.87)			-0.114 (-1.62)
open			0.0113 (1.06)			0.0119 (0.97)
gffrg			0.0265 (0.24)			0.0428 (0.38)

续表

变量	(1) Lnrperunrev-FE	(2) Lnrperunrev-FE	(3) Lnrperunrev-FE	(4) Lnrperunrev-IV	(5) Lnrperunrev-IV	(6) Lnrperunrev-IV
fdig			-0.0293** (-2.18)			-0.0327** (-2.41)
cpi			0.169* (1.82)			0.157* (1.92)
unemploy			0.0421 (0.16)			0.0506 (0.14)
myh			0.0361 (0.98)			0.0344 (1.07)
indus			0.0000154 (0.13)			0.0000294 (0.27)
_cons	6.089*** (257.70)	6.868*** (16.51)	8.219*** (3.15)			
Underidentification test				0.0000	0.0000	0.0000
Weak identification test				442.751	229.748	60.068
N	151	151	151	151	151	151
R^2	0.124	0.157	0.412	0.122	0.154	0.410

注：括号内的是 t 统计量；R^2 为固定效应的组内 R^2；* 表示 $p<0.1$，** 表示 $p<0.05$，*** 表示 $p<0.01$；识别不足检验下的为 p 值，弱识别检验下的为瓦尔德 F 统计量。

6.4　本章小结

政府性基金预决算偏离度是反映政府性基金预算管理水平的一个重要指标，本章从实证的角度重点考察了我国政府性基金预决算偏离度的问题。首先，给出了政府性基金预决算偏离度的定义以及测算指标，并总结了政府性基金预算的程序和流程。其次，分析了我国政府性基金预决算偏离的现状，结果发现我国政府性基金预算收入和支出的预决算偏离度都很大，另外，政府性基金预决算偏离的地区差异比较大而且并没有特定的空间地理和经济地理分布特征。

政府性基金预决算偏离度过大是多种因素共同作用的结果，因此有必要对影响政府性基金预算偏离的因素进行专门的分析，从预算的法定程序角度来看，在预算编制上可能存在编制不科学、预见性不足的问题；在预算执行上可能存在贯彻执行不力的问题；在预算审查监督上可能存在审查监督不严的问题，而且预算审查监督不严除了会影响当年的预决算偏离，还会强化政府预期导致下一年继续偏离。从产生偏离的主客观因素来看，既有技术、方法等方面的客观因素，也有在各种激励机制下的主观偏离。客观来讲，与一般公共预算相比，政府性基金预算收支波动性大，精准预测难度大；主观上，地方政府在政府性基金预算编制和执行中确实存在机会主义和策略性行为。最后，考察了导致我国政府性基金预算和决算严重偏离背后的体制机制原因，验证了部分地方政府在政府性基金预算的编制和执行过程中可能会因为政绩考核因素策略性地低估 GDP 的增速目标而在实际中追求 GDP 的高速增长，进而导致政府性基金预算收入的预决算偏离。

  总的来说，我国政府性基金预决算偏离过大反映了政府性基金预算的约束性不强，存在预算约束软化、弱化的问题。因此，必须进一步加强政府性基金预算管理，强化政府性基金预算的约束性，增强政府性基金预算的约束力。

第 7 章

政府性基金预算改革的路径选择

本书以政府性基金预算为研究对象，从增长效应、替代效应和预决算偏离三个视角分别研究了政府性基金预算对经济增长的影响问题、政府性基金预算对一般公共预算的替代问题以及政府性基金预决算偏离的问题。这三大问题都是目前政府性基金预算改革实践中遇到的重大理论和现实问题。本书采用规范的计量分析方法对这些问题进行了初步的探索性研究，对现有文献作了必要的补充，一定程度上推动了国内关于政府性基金预算相关问题实证研究的进展。本书通过实证分析得出的基本结论包括：

第一，无论是从静态还是从动态角度来看，政府性基金预算收入都会在一定程度上阻碍经济增长，因此有必要对政府性基金预算的规模和结构进行控制和调整。

第二，由于政府性基金预算与一般公共预算存在定位不清晰、分工不明确的问题，尤其是在支出方面交叉重叠的问题比较严重，因此政府性基金预算支出会对一般公共预算支出产生替代效应，即政府性基金预算的支出会替代一般公共预算在同一功能上的支出，而原本用于该功能的一般公共预算支出会转而用于其他的功能上，最终会导致一般公共预算支出规模扩大。另外，政府性基金预算支出对一般公共预算支出的替代效应还说明政府性基金预算可能会降低政府公共资源的配置效率，导致政府规模不断扩大。而且，政府还可能会策略性地利用政府性基金预算来扩大其支出规模，实现其预算最大化的目的。

第三，造成我国政府性基金预决算偏离度过大的主要原因除了预算编制和审核过程中的技术原因之外，更多的还是其背后的体制机制等制度方面的原因。本书通过对政府性基金收入预决算偏离度影响因素的实证考察，发现地方政府在政府性基金预算上会采取主观的机会主义和策略性行为，具体来说，在追求实际 GDP 的高速增长，而且地方政府在政府性基金收入预算编制时会主动地留下空间，因为地方政府在编制政府性基金收入预算时参考的主要指标是本年度辖区内的预期 GDP 增速目标，而实际 GDP 及其增速是政府性基金收入的基础，决定了政府性基金收入盘子的大小，通过低估 GDP 预期增速而追求更高的 GDP 实际增速，地方政府可以获取政府性基金的超预算收入，并且将政府性基金的超预算收入专项用于支持地方特定公共基础设施建设和特定公共事业的发展，这些项目绝大部分都属于生产性支出，反过来又有利于促进地方经济增长。正是在这样的激励机制的作用之下，政府性基金预算长期存在预决算偏离度过大的问题。

在以上实证结论的基础上，本章给出以下改进政府性基金预算的相关政策建议。

7.1 政府性基金预算改革的总体思路、策略和原则

对政府性基金预算的改革首先必须要有一个改革的蓝图或改革的总体设计指南。这张蓝图或设计指南可以为改革的路径选择和具体操作措施提供原则性和方向性的指导或指引，至少要包括改革的总体思路、改革的策略和改革的原则。

第一，改革的总体思路。推动政府性基金预算改革的总体思路就是既要确保政府性基金预算自身的改革完善，同时还要协调好政府性基金预算与其他预算之间的关系，尤其是与一般公共预算的关系。除此之外，还要注意与其他配套性改革措施的协调配合，这样才能建立起系统和整体的改革思路。

第二，改革的策略。改革要想取得成功，必须要注意改革的策略和方式方法问题。政府性基金预算改革在整体推进的同时，还应当保持其自身的相对独立性，其改革措施尽量避免牵一发而动全身，这样的改革在实践中才方便操作，否则会因为掣肘太多、工程量巨大导致改革难以施行和推进。

第三，改革的原则。改革的基本原则是：使市场在资源配置中起决定作用和更好地发挥政府作用。在这一基本原则之下，改革应致力于划分清楚市场和政府或市场经济和公共经济的边界，凡属于市场能够解决的问题一律交给市场解决，凡属于政府的责任，政府就要管起来。改革的具体原则是：改革必须始终坚持以一般公共预算为主体的原则，针对政府性基金

预算的改革,绝对不能动摇和危及一般公共预算在整个预算体系中的主体和主导地位①。

在以上总体思路、策略和原则的指导之下,本书分别从控制和调整政府性基金预算的规模与结构,统筹协调政府性基金预算与一般公共预算的关系,治理政府性基金预决算偏离度,协调与相关改革配套措施的关系等方面提出推动政府性基金预算改革的具体措施。

7.2 控制和调整政府性基金预算规模与结构

7.2.1 控制压缩政府性基金预算的规模

从政府性基金设立到将其全部纳入预算管理,政府性基金先后经历了预算外管理阶段、预算内外双重管理阶段、全面的预算管理阶段,并且前两个阶段的时间都很长,直到2011年才开始进入全面预算管理阶段。正是由于长期以来对政府性基金相对较松的管理方式,再加上各级政府尤其是地方政府一般公共预算财力的相对短缺,政府性基金的项目数量和资金规模都越来越大。尽管这种快速增长的趋势在近年有一定的缓解,但是由于其基数庞大,短期内政府性基金预算的收支规模都不会发生大的变化。虽然政府性基金对经济社会的发展起到一定的促进作用,但是,政府性基金收入对于居民和企业也构成了一定的负担,如果规模过大可能会在一定程度上影响经济增长。并且对整个社会资源的配置和国民收入的再分配都产生了很大的影响。实证结果得出,政府性基金预算支出的增加会导致一般公共预算支出规模扩大,进而导致整个政府支出规模的扩大。因此,政府有必要采取措施对政府性基金规模进行严格的控制。

政府可以采取的具体措施主要有:其一,在政府性基金预算项目设立的阶段要严格审批,通过充分评估各个政府性基金项目设立的必要性,从源头上严格控制政府性基金预算项目的设置;其二,严格设定政府性基金的征收标准,并定期评估是否需要降低其征收标准;其三,明确政府性基金的征收时限,对于已经到期的项目原则上必须予以停止征收,如果要继续征收必须

---

① 具体原则在一定程度上是基本原则的体现,因为一般公共预算是公共经济的基本制度基础,一般公共预算的主体和主导地位是市场起决定作用的重要保障。

要经过人民代表大会或其常委会的批准；其四，进一步清理整顿政府性基金项目，对于已经完成使命或者无法完成设置目的的政府性基金项目应予取消，对于已经不适应市场经济发展要求的政府性基金项目也应取消，对于功能相同或重复设置的政府性基金预算项目要进行合并。通过以上这些措施可以有效地控制和压缩政府性基金预算的规模。

7.2.2 调整优化政府性基金预算的结构

政府性基金预算项目的改革其实就是结构调整优化的问题，也是控制政府性基金预算规模的必要手段，可以起到降低政府性基金规模的作用。另外，在政府性基金预算规模既定或稳定的前提下，通过调整优化政府性基金预算的项目结构还可以提高政府性基金预算资金的使用效率。

从前文的分析可以看出，政府性基金预算存在以下几个结构特点：其一，从归属结构上看，政府性基金预算项目主要归属地方政府，且地方政府对政府性基金的依赖程度远高于中央政府；其二，政府性基金项目的资金分布不均衡，且少数政府性基金项目占了政府性基金预算规模的绝大部分；其三，政府性基金预算的资金在各个支出功能上的分布也不均衡；其四，各个地区对政府性基金的依赖程度差别较大。

针对以上政府性基金预算结构方面存在的问题，政府应分别采取措施予以调整和优化。其一，政府应当根据中央和地方承担的事权和支出责任来确定政府性基金项目在各级政府间的划分，并通过地方税体系的建设来充实地方政府一般公共预算的财力进而减少其对政府性基金预算的过度依赖；其二，根据实际情况考虑取消资金规模很小的政府性基金预算项目；其三，应该考虑取消政府性基金预算项目在对其依赖很小的功能上的支出；其四，考虑将政府性基金预算财力作为转移支付分配的依据，设置系统性的转移支付制度，综合平衡各地区的财力，更加有利于公共服务均等化的实现。

7.3 统筹协调政府性基金预算与一般公共预算关系

加强政府性基金预算与一般公共预算的统筹协调，需要处理好二者之间的关系。在处理二者关系上，我们必须坚持以一般公共预算为主的原则，具体而言，在收入方面要形成以税收收入为主体和核心的政府公共收入结构；在支出方面要形成协调配合公共支出的格局。

统筹协调政府性基金预算与一般公共预算的关系的前提是要明确二者各自的定位。理论上二者的定位是清晰明确的，一般公共预算通款通用，统收统支，收入以税收为主，支出并不规定特定的用途，收入和支出之间没有特定的联系，或者仅仅是总体上的联系。政府性基金预算则是以收定支，专款专用，即特定来源的收入用于特定的支出用途，收入和支出之间有对称关系。所以，统筹协调首先要搞清楚预算资金的性质，即要分清楚资金到底是专款专用的还是通款通用的，如果预算资金没有必要专款专用则应进入一般公共预算统收统支，统筹使用。

政府性基金预算与一般公共预算的统筹协调其实涉及收入侧的协调和支出侧的协调。第一，两本预算在收入上的统筹协调。一般公共预算的收入主要是税收和部分收费，而政府性基金收入中有部分收入项目是附加在税收和收费之上的，因此，必然涉及一般公共预算的税收或收费与附加在其上的政府性基金收入的协调，对于这种附加在税收或收费上的政府性基金收入可以考虑直接归入主税和主费，将其纳入一般公共预算，重新考虑一般公共预算税收和收费的征收标准。第二，两本预算在支出上的统筹协调。政府收支分类改革之后，政府的所有支出都按照支出功能划分，一般公共预算和政府性基金预算必然会存在支出功能上的重合或重叠，必须要考虑二者协调配合问题。从前文的分析可以看出，不同的支出功能对二者的依赖程度是不同的，政府性基金预算主要集中在建设和发展性质较强的功能上，如城乡社区支出和交通运输支出，而一般公共预算则更集中于民生相关的功能支出。即使是同一支出功能，二者在支出方向上也是可以协调配合的，如一般公共预算支出可以集中用于人员经费等基本支出，而政府性基金预算支出可以集中用于项目建设维护等支出。

7.4　治理政府性基金预决算偏离的问题

长期以来，我们对政府性基金预算管理的重视程度不够，政府性基金预决算偏离过大反映的是政府性基金预算约束软化等问题。对于政府性基金预算偏离度过大的问题，可以从技术和制度等多方面入手，多管齐下从源头和根源上治理。

7.4.1 治理政府性基金预决算偏离的技术措施

政府可以通过改进技术措施来增强政府性基金预算的科学化、规范化和精细化管理，这既体现在政府性基金预算的编制上，也体现在政府性基金预算执行的过程之中。改进技术措施的前提是对政府性基金预算管理的必要性和重要性有充分的思想认识，只有这样才能够发挥各方面的积极性和能动性推动政府性基金预算向科学化、规范化和精细化方向发展。

通过技术措施提高政府性基金预算编制的科学化和精细化水平，可以在初始环节降低政府性基金预决算的偏离度。政府性基金预算有其自身的特点和特殊性，比如政府性基金预算的项目比较多，而且项目与项目之间的差异比较大，不同的项目还是由不同的部门征收使用和管理，正是这些特点增加了政府性基金预算的复杂性和不确定性。因此，通过一定的技术措施提高政府性基金预算编制的科学化和精细化水平的工作难度也比较大，可以从以下几个方面做工作：第一，注重资料信息的收集和积累，预算编制在一定程度上就是预测工作，因此准确的资料信息是科学预测的基础。第二，注重政府性基金预算项目库的建设，政府性基金预算支出多是以项目支出的形式存在，而项目支出由于多种原因是比较难预测的，如项目进度难以控制，如果能够对所有项目或者大部分项目建立起项目库，项目支出预算编制的科学性和精细化将会显著提升。第三，注重人才的储备和培养，政府性基金预算编制需要一些懂得预测模型的专业工作人员，通过设置模型和公式可以减少预算编制过程中的主观性。第四，推行政府性基金预算的标准化管理，实现支出预算的标准化，对于基本支出和项目支出都要能够建立一套支出的标准，然后根据标准核定支出。通过以上这些技术措施可以增强政府性基金预算的科学化、规范化和精细化管理，从而在初始环节降低政府性基金预决算偏离的可能性。

7.4.2 治理政府性基金预决算偏离的制度措施

从前文的分析可以看出，导致我国政府性基金预决算偏离度过大一个重要的原因就是背后的体制机制问题。因此，治理政府性基金预决算偏离度过大问题最根本的措施还是要靠制度建设。具体而言，可以从以下方面治理政府性基金预决算偏离度过大的问题。

第一，通过预算法律规定截断政府性基金预算超收与超支之间的"直通车"。政府性基金收入预决算偏离一个重要的激励就是地方政府可以将超收收入直接用于当年相关项目的支出，从而导致超支的问题。要截断政府性基金预算超收与超支之间的"直通车"，最有效的办法就是以预算法的形式来严格约束和规范这一问题，在预算法中可以明确规定政府性基金预算的超收收入不可用于当年的支出，并可以对超收收入超过一定比例部分的使用作出具体规定。遗憾的是，我国《预算法（2014年）》仅仅对一般公共预算的超收作出了明确规定，即超收只能用于冲减赤字或补充预算稳定调节基金，而赤字是当年的支出，预算稳定调节基金是用来弥补以后年度预算资金不足的[①]，对于政府性基金预算却未作出规定。因此，建议修改预算法对政府性基金预算超收收入的使用作出明文规定。在国家治理体系下走预算法治化的道路，对于政府官员的机会主义倾向和策略性行为，最好的办法还是通过法治化的途径建立起严格的制度规则，利用制度和规则在一定程度上约束政府的权力，缩小其相机抉择的空间。让政府在规则约束下来相机抉择，解决权力任性的问题，逐渐走上预算法治化路径。

第二，建立和完善对政府性基金预算的监督检查机制，进一步强化政府性基金预算的约束力。首先，强化人民代表大会的监督和审查，政府性基金预算是经过人民代表大会批准的，必须要增强政府性基金预算的执行力度，严格按照人民代表大会批准的预算执行，除了要强化人民代表大会对预算的监督审查外，还要强化对决算的审查，预决算偏离度过大的项目必须向人民代表大会作出说明。其次，强化财政监督，财政监督既可以是财政部门对预算编制单位和资金使用单位的监督，也可以是上级财政部门对下级财政部门的监督，财政监督对于治理预决算偏离度过大的问题也很关键。再次，发挥国家审计机关对政府性基金预算的审计监督作用，审计监督是专业的监督，可以通过提高审计监督频率提高审计监督水平，这对治理政府性基金预决算偏离意义重大。最后，发挥社会大众包括媒体和专家学者的社会监督，社会监督的前提是提高政府性基金预算的透明度，因此必须要加大政府性基金预决算的公开力度，如果预算信息不公开或公开的预算信息不详细，社会监督将无从谈起。

7.5　政府性基金预算改革相关的配套措施

与政府性基金预算改革相配套的改革措施最重要的一项就是要积极地转

---

① 《预算法（2014年）》第66条和第41条。

变政府职能。因为政府性基金预算改革的一个基本原则就是要坚持使市场在资源配置中起决定作用和更好地发挥政府的作用。要控制政府性基金预算规模，发挥其对经济增长的积极作用，提高政府公共资源的配置效率，处理政府性基金预算与一般公共预算关系，降低政府性基金预决算偏离度，都离不开这一条基本原则。政府性基金预算负责的领域大多属于市场经济和公共经济的结合部，因此，政府性基金预算提供的商品或服务大多属于准公共商品或服务。政府性基金预算的改革必须要同转变政府职能、理顺政府与市场和社会的关系联系起来考虑。对于市场能够提供的商品或服务，政府原则上应该退出，一些基础设施建设和公共事业发展所需的资金完全可以依靠市场的办法来筹措，在这种情况下政府不宜再介入，如国家电影事业发展专项资金，该项政府性基金的收支规模都很小，对电影事业发展的调控作用也很有限，因此可以果断地取消此类政府性基金项目。对于一些基础设施建设项目的资金还可以通过改革政府投融资体制来解决。另外，还可以考虑通过PPP模式加强政府与私人部门的合作关系，以政府性基金预算资金作为引导撬动更多的社会资本对相关基础设施建设和公共事业发展的支持。

附　　录

附表1　　　　　2017年全国政府性基金目录清单

序号	项目名称		资金管理方式
1	铁路建设基金		缴入中央国库
2	港口建设费		缴入中央和地方国库
3	民航发展基金		缴入中央国库
4	高等级公路车辆通行附加费（海南）		缴入地方国库
5	国家重大水利工程建设基金		缴入中央和地方国库
6	水利建设基金		缴入中央和地方国库
7	城市基础设施配套费		缴入地方国库
8	农网还贷资金		缴入中央和地方国库
9	教育费附加		缴入中央和地方国库
10	地方教育附加		缴入地方国库
11	文化事业建设费		缴入中央和地方国库
12	国家电影事业发展专项资金		缴入中央和地方国库
13	旅游发展基金		缴入中央国库
14	中央水库移民扶持基金	大中型水库移民后期扶持基金	缴入中央国库
		跨省大中型水库库区基金	
		三峡水库库区基金	
15	地方水库移民扶持基金	省级大中型水库库区基金	缴入地方国库
		小型水库移民扶助基金	
16	残疾人就业保障金		缴入地方国库
17	森林植被恢复费		缴入中央和地方国库
18	可再生能源发展基金		缴入中央国库
19	船舶油污损害赔偿基金		缴入中央国库
20	核电站乏燃料处理处置基金		缴入中央国库
21	废弃电器电子产品处理基金		缴入中央国库

附表2　　　　　　政府性基金及其预算管理相关政策制度汇总

年份	会议/文件名/法规①	内容简介	备注
1980	中共中央、国务院关于节约非生产性开支、反对浪费的通知	十一、对行政、事业单位试行"预算包干"办法 (一)从一九八〇年起,国家对文教、卫生、科学、体育等事业单位和行政机关试行"预算包干"办法,节余留用,增收归己,以调动努力增收节支,提高资金使用效果的积极性。具体办法按财政部规定执行。 (二)一切有条件组织收入的事业单位,都要积极挖掘潜力,从扩大服务项目中,合理地组织收入,以解决经费不足的问题,促进事业的发展。应用科研单位和设计单位要积极创造条件,改为企业经营,不仅不用国家的钱,还要力争上缴利润。	预算包干,结余留用,增收归己。
1983	预算外资金管理试行办法	第二条 预算外资金是指根据国家财政制度、财务制度规定,不纳入国家预算,由各地方、各部门、各企业事业单位自收自支的财政资金。 第三条 对未经国务院、财政部批准、由各地自行设立的预算外资金项目,要进行一次清理整顿。 第四条 今后各地必须增设的预算外资金项目,一律报经国务院或授权单位批准。	很长一个时期政府性基金都是作为预算外资金管理的。因此,即使转为预算内的基金预算管理依然会存在一些历史遗留问题,尤其是在观念和认识上的问题。基金部门化、自留地、自收自支的自有资金。
1986	关于加强预算外资金管理的通知	对预算外资金的性质、范围、管理方式等进行明确规定。 一、预算外资金是由各地区、各部门、各单位根据国家有关规定,自行提取、自行使用的不纳入国家预算的资金。 六、各地区、各部门对预算外资金的管理,可以在资金所有权不变的前提下,采取不同的方式。对于事业、行政单位管理的预算外资金,原则上采取由财政部门专户储存、计划管理、财政审批、银行监督的方式。对于国营企业及其主管部门管理的预算外资金,原则上采取计划管理、政策引导的方式,不宜采取由财政部门专户储存的方式。 七、各地区、各部门、各单位应编制年度预算外资金收支计划和决算,并按季报送收支执行情况,由财政部门逐级汇总后,上报财政部。	

---

① 为了简便起见,附录中的文件名基本上都省略了书名号。

续表

年份	会议/文件名/法规	内容简介	备注
1990	关于坚决制止乱收费、乱罚款和各种摊派的决定		
1990	中共中央关于制定国民经济和社会发展十年规划和"八五"计划的建议	最早作出国家预算在"八五"期间实行复式预算的决定。	中华人民共和国成立以来至1991年以前这段时期，与传统的统收统支的财政管理体制相适应，我国政府预算一直采用单式预算编制方法。
1991	七届人大四次会议	积极稳妥地推进税费改革，清理整顿行政事业性收费和政府性基金，建立政府统一预算。 增强预算的透明度和约束力。实行部门预算，逐步以"零基预算"取代"基数预算"。 国家预算实行复式预算制度，把经常性预算与建设性预算分开，经常性预算坚持不打赤字，并略有结余，强化财政预算约束。建设性预算的差额，可以通过举借内债和外债来弥补，但要保持合理的债务规模和结构。	
1991	国家预算管理条例	第26条：国家预算按照复式预算编制，分为经常性预算和建设性预算两部分。经常性预算和建设性预算应当保持合理的比例和结构。经常性预算不列赤字。中央建设性预算的部分资金，可以通过举借国内和国外债务的方式筹措，但是借债应当有合理的规模和结构；地方建设性预算按照收支平衡的原则编制。	在中国预算史具有里程碑意义。根据《条例》的要求，我国从1992年开始实行复式预算，同时编制经常性预算与建设性预算。1992年财政部试编了由经常性预算和建设性预算构成的双式型的复式预算。
1993	中共中央关于建立社会主义市场经济体制若干问题的决定	改进和规范复式预算制度。建立政府公共预算和国有资产经营预算，并可以根据需要建立社会保障预算和其他预算。	由双式发展为多式。
1994	中华人民共和国预算法	第二十二条 预算收入应当统筹安排使用；确需设立专用基金项目的，须经国务院批准。 第二十六条 中央预算和地方各级政府预算按照复式预算编制。 复式预算的编制办法和实施步骤，由国务院规定。 第一百零一条 本法自1995年1月1日起施行。1991年10月21日国务院发布的《国家预算管理条例》同时废止。	从法条的角度严格来讲，经常性预算和资本性预算的双复式预算形式是在1992年的《国家预算管理条例》。随着预算法的施行，以上条例被废止。此后的就是预算法及其实施条例中规定的复式预算形式了。

续表

年份	会议/文件名/法规	内容简介	备注
1995	转发财政部、审计署、监察部对各种基金进行清理登记意见的通知	一、各地区、各部门以各种形式向企事业单位或个人筹集建立的、具有特定用途的、目前仍在执行的各种基金（包括各种资金、附加），均应清理登记。 六、清理登记各种基金是控制固定资产投资、消费基金过快增长和抑制通货膨胀的一项重要措施，是今年反腐败、治理乱收费的一项重要工作。	由于管理制度不健全，财经纪律松弛，在资金的管理和使用方面存在不少问题。一是有些单位巧立名目乱收费，化预算内收入为预算外收入，有的甚至将这笔资金变成单位的"小钱柜"；二是有些地方、部门和单位用预算外资金乱上计划外项目，盲目扩大固定资产投资规模；三是有些专项资金没有完全用于规定用途，如挪用生产发展基金发放奖金、实物和搞福利等。这些都是导致固定资产投资规模和消费基金膨胀的一个重要原因。
1995	中华人民共和国预算法实施条例	第九条第二款：预算法第十九条第二款所称"专项收入"，是指根据特定需要由国务院批准或者经国务院授权由财政部批准，设置、征集和纳入预算管理、有专项用途的收入。 第十四条：经国务院批准设立的专用基金应当实行预算管理；尚未纳入预算管理的，应当逐步纳入预算管理。 第二十条：各级政府预算按照复式预算编制，分为政府公共预算、国有资产经营预算、社会保障预算和其他预算。 复式预算的编制办法和实施步骤，由国务院另行规定。	这就将十四届三中全会关于编制复式预算的要求上升到法律高度。确定复式预算体系。但是，这里唯独没有提到政府性基金预算，一年之后政府性基金预算横空出世。
1996	关于加强预算外资金管理的决定	首次将养路费、车辆购置附加费、铁路建设基金、电力建设基金、三峡工程建设基金、新菜地开发基金、公路建设基金、民航基础设施建设基金、农村教育事业附加费、邮电附加、港口建设费、市话初装基金、民航机场管理建设费13项数额较大的政府性基金（收费）纳入财政预算管理。 地方财政部门按国家规定收取的各项税费附加，从1996年起统一纳入地方财政预算，作为地方财政的固定收入，不再作为预算外资金管理。 征收政府性基金必须严格按国务院规定统一报财政部审批，重要的报国务院审批。基金立项的申请和批准要以国家法	具体管理办法由财政部会同有关部门制定。这是"政府性基金"这一名词第一次出现在官方文件中。

续表

年份	会议/文件名/法规	内容简介	备注
		律、法规和中共中央、国务院有关文件规定为依据，否则一律不予立项。地方无权批准设立基金项目，也不得以行政事业性收费的名义变相批准设立基金项目。对地方已经设立的基金项目，必须按照《国务院办公厅转发财政部、审计署、监察部对各种基金进行清理登记意见的通知》的规定进行清理登记，由财政部负责审查处理，重要的报国务院审批。 预算外资金是国家财政性资金，不是部门和单位自有资金，必须纳入财政管理。财政部门要在银行开设统一的专户，用于预算外资金收入和支出管理。 本决定自发布之日起实行。即1996年7月6日。	
1996	预算外资金管理实施办法	第三条 预算外资金是国家财政性资金，由财政部门建立统一财政专户，实行收支两条线管理。预算外资金收入上缴同级财政专户，支出由同级财政部门按预算外资金收支计划，从财政专户中拨付。 第七条 财政部门是预算外资金管理的职能部门，依照部门和单位的财政隶属关系，实行统一领导、分级管理，按预算外资金的用途分类进行核算。 第二十一条 具有专项用途的预算外资金要专款专用，财政部门不得用于平衡预算。	
1996	财政部关于制发政府性基金预算管理办法的通知	纳入预算管理的政府性基金管理总原则：基金全额纳入预算管理，实行收支两条线，收入全额上缴国库，先收后支，专款专用；在预算上单独编列，自求平衡，结余结转下年继续使用。 基金收支预算在国务院复式预算办法正式颁发前，在财政预算上采取单独编列的办法。即各级财政部门单独编列一张"政府性基金收支预算表"，将基金收入与基金支出按照一一对应的原则编列，不计入一般预算收入总计和一般预算支出总计。 本办法自1997年1月1日起执行。	标志着政府性基金作为一种独立的预算形式开始存在，是预算全面性的重要一步。作为复式预算中已经确立名称的国有资产经营预算和社会保障预算迟迟未能出现（2007年开始试编国有资本经营预算、2010年开始试编社会保险基金预算），而政府性基金预算于中华人民共和国预算法实施条例实施后第二年就落地了。（熊伟，2012）

续表

年份	会议/文件名/法规	内容简介	备注
1997	中共中央、国务院关于治理向企业乱收费、乱罚款和各种摊派等问题的决定	一、坚决取消不符合规定的向企业的行政事业性收费、罚款、集资、基金项目和各种摊派。国务院及财政部规定之外向企业收取基金的项目，均一律取消。 二、全面清理按规定未被取消的向企业的行政事业性收费、罚款、集资、基金项目。清理期间，除国家法律法规规定之外，暂停审批新的向企业的行政事业性收费、集资、基金项目。 三、建立健全向企业的行政事业性收费、罚款、集资、基金项目的审批管理制度。	
1997	关于公布第一批取消的各种基金（附加、收费）项目的通知	第一批公布取消的基金项目，是历年来各省、自治区、直辖市以下各级人民政府及其所属部门，未按国家规定经国务院或财政部批准，越权设立的各种基金，共计217项。	
1998	关于加强中央单位行政事业性收费和政府性基金票据管理的通知		
1998	关于公布第二批取消的各种基金（附加、收费）项目的通知	一、本批公布取消的各种基金项目，是国务院有关部门和各省、自治区、直辖市人民政府及其所属部门，未按国家规定报经国务院或财政部批准越权设立或不合理应予以取消的各种基金，共计147项。	
1998	财政部关于印发《行政事业性收费和政府性基金票据管理规定》的通知		
1999	关于进一步加强政府性基金支出管理的通知	要求铁道部、交通部、民航总局、信息产业部、国家邮政局、国家轻工局、国家烟草专卖局、中国联合通信有限公司、国家电力公司、中国长江三峡开发总公司将基金预算和上一年度的基金决算（并附报会计师事务所的审计报告）等上报财政部，凡未建立年度预算的基金，财政部一律不办理拨款手续。	

续表

年份	会议/文件名/法规	内容简介	备注
1999	关于公布第三批取消的各种基金（资金附加收费）项目的通知	一、本批公布取消的各种基金项目，包括国务院有关部门和地方各级人民政府及其所属部门，未按国家规定报经国务院或财政部会同有关部门批准，越权设立的各种基金，以及虽按国家规定程序报经批准设立，但已不适应目前经济发展要求，应停止征收的各种基金，共计73项。	
2000	关于加强政府性基金管理问题的通知	一、本通知所称政府性基金，是指各级人民政府及其所属部门根据法律、国家行政法规和中共中央、国务院有关文件的规定，为支持某项事业发展，按照国家规定程序批准，向公民、法人和其他组织征收的具有专项用途的资金。包括各种基金、资金、附加和专项收费。 六、政府性基金是财政性资金，实行收支两条线管理。收入要按照规定分别缴入同级国库和预算外资金财政专户，支出按照财政部门批准的预算或计划安排使用，不得挪作他用。政府性基金的使用部门和单位要建立健全有关财务管理和会计核算制度，按照规定向同级财政部门报送年度政府性基金收支计划（预算）和决算。	官方第一次给出政府性基金的定义。由第六条可推定，政府性基金并未全部纳入预算管理，还有预算外财政专户。随后又将5项基金纳入预算管理。
2000	关于清理整顿各种政府性基金的通知	一、清理整顿的范围。各地区、各部门以征收、提取、价外附加、税费附加等各种形式向公民、法人和其他组织筹集建立的具有专项用途且目前仍在执行的各种政府性基金（包括资金、附加和专项收费），均属于清理整顿的范围。主要包括：国家法律、法规规定，国务院和财政部及国务院授权部门批准设立的政府性基金项目，国务院其他有关部门和地方各级人民政府及其所属部门批准设立的政府性基金项目。 公民、法人和其他组织自愿捐赠、赞助设立的基金，基金会募集建立的基金以及行政事业单位按照国家财务会计制度规定提取建立的专用基金，不属于清理整顿的范围。	附件：一、国家批准的政府性基金清理登记审查表（表1）附表详细列出了国家批准的政府性基金的名称。工业部门（6项）、交通通信部门（15项）、商粮贸部门（3项）、农业部门（5项）、城建部门（1项）、科学文化部门（3项）、教育部门（5项）、其他部门（18项）一共56项。
2000	关于将部分行政事业收费和政府性基金纳入预算管理的通知	墙体材料专项基金、铁路建设附加费、地方教育附加、地方教育基金、适航基金（中央）不再作为预算外资金管理，一律按规定纳入各级财政预算（基金预算）。	一共5项基金，分为两大类：工业交通部门基金、文教部门基金。政府性基金在2007年政府收支分类改革前是按照部门设置的。

续表

年份	会议/文件名/法规	内容简介	备注
2001	财政部关于进一步做好行政事业性收费和政府性基金管理工作的通知	五、加强行政事业性收费和政府性基金管理 设立政府性基金项目要严格按国家规定权限报批，严禁未经财政部或国务院批准擅自设立政府性基金项目、扩大政府性基金征收范围和提高政府性基金征收标准的行为。 六、加大财政"收支两条线"管理力度 行政事业性收费和政府性基金要严格按照国家规定，分别纳入财政专户或国库，实行财政"收支两条线"管理。为促进部门预算管理和财政国库管理制度改革，要继续研究将现行一些条件成熟的行政事业性收费和政府性基金收入纳入预算管理。	
2002	财政部关于公布取消部分政府性基金项目的通知	取消：不适应社会主义市场经济发展要求；越权设立的政府性基金，共计277项。并明确，今后，除法律、国家行政法规明确规定外，国家原则上不再设立新的政府性基金项目。公布取消的部分政府性基金项目，自2002年6月1日起执行。	有附表。约占基金总数的85%。
2002	财政部关于对中央单位行政事业性收费和政府性基金票据及罚款票据进行年检的通知		
2002	财政部关于公布保留的政府性基金项目的通知	共计31项。保留的政府性基金中，凡性质相类似的，予以统一归类。三类保留的政府性基金项目：①凡属于法律、国家行政法规、党中央和国务院文件以及财政部会同有关部门批准设立，且明确规定征收对象、征收范围和征收标准的政府性基金，这部分政府性基金共计26项；②根据《国务院批转财政部、国家计委等部门〈交通和车辆税费改革实施方案〉的通知》规定，凡用燃油税取代的有关政府性基金，在尚未实施税费改革之前，暂时予以保留，今后结合税费改革一并取消，这部分政府性基金共计3项；③根据《中共中央、国务院关于进行农村税费改革试点工作的通知》规定，凡用农业税取代的有关政府性基金，在尚未实施税费改革之前，暂时	在保留的政府性基金项目中，凡未纳入财政预算管理的，自2002年7月1日起按照附件的有关规定缴入国库，统一纳入财政预算，实行"收支两条线"管理，具体办法由财政部另行制定。通过预算拨款安排设立的政府性基金，不属于这里的政府性基金，注意第一个也叫政府性基金。至于从一般预算收入中提取的预算调节基金、扶贫专项资金、国债偿还基金等，它们只是一种资金分配方式，只有在资金分配完毕之后，才

续表

年份	会议/文件名/法规	内容简介	备注
		予以保留，今后结合税费改革一并取消。其中，农（牧）业税附加并入新的农业税。这部分政府性基金共计2项。 四、保留的政府性基金项目，其征收范围、征收对象、征收标准继续按照国家现行有关规定执行，其中凡已明确规定征收期限的，应当严格按照规定征收期限执行，征收期满后即停止执行；没有明确征收期限的，除法律、国家行政法规规定的以外，原则上征收期限最长不超过5年。 七、今后除法律、国家行政法规规定外，国家原则上不再审批新的政府性基金项目。 八、通过预算拨款安排设立的政府性基金，公民、法人和其他组织自愿捐赠、赞助设立的基金，各类基金会接受社会自愿捐赠设立的基金，以及社会保障基金，仍按国家现行有关规定执行。 九、本通知自2002年7月1日起执行，过去有关规定与本通知不一致的，一律以本通知为准。	能凸显其"专用性"，所以不宜将其归入基金预算，仍然只能在公共预算中加以核算。（熊伟, 2012）
2002	财政部关于印发《行政事业性收费和政府性基金年度稽查暂行办法》的通知	政府性基金项目的稽查内容，包括： 1. 是否按照规定程序报经国务院或其财政部门批准； 2. 是否未经国务院或其财政部门批准，擅自将政府性基金转为行政事业性收费； 3. 是否继续征收或变换名称征收国家已明令公布取消的政府性基金项目； 4. 是否擅自设立政府性基金项目、扩大征收范围或改变征收对象； 5. 是否超过规定期限征收政府性基金； 6. 同级人民政府财政部门认为需要稽查的涉政府性基金项目的其他事项。	
2002	关于将部分政府性基金纳入预算管理的通知	根据《财政部关于公布保留的政府性基金项目的通知》（以下简称《通知》）精神，决定自2002年7月1日起，将部分尚未纳入预算管理的政府性基金纳入预算管理。一共26项。 对《通知》明确予以保留、且已纳入预算管理的农网还贷资金、三峡工程建设基金、碘盐基金、墙体材料专项基金、港口建设费、民航机场管理建设费、民航基础设施建设基金、铁路建设基金、	至此，财政部公布保留的政府性基金项目全部纳入预算管理。 最后一段说明，除了"13+5"外还有其他基金已经纳入预算管理。但是并没有见到公开的文件。

续表

年份	会议/文件名/法规	内容简介	备注
		铁路建设附加费、国家茧丝绸发展风险基金、散装水泥专项资金、中央对外贸易发展基金、育林基金、水利建设基金、新菜地开发建设基金、城镇公用事业附加、文化事业建设费、旅游发展基金、公路客货运附加费、农（牧）业税附加，以及农村教育事业费附加、城市教育附加费等，各地、各部门应继续按照有关规定，做好征收管理工作，并及时足额办理缴库。	
2003	财政部关于对受"非典"疫情影响比较严重的行业减免部分政府性基金的通知	为减轻受"非典"疫情影响比较严重的行业经济负担，降低经营成本，促进国民经济健康发展，决定减免部分政府性基金。一、自 2003 年 5 月 1 日起至 2003 年 9 月 30 日止，对餐饮、旅店、旅游、娱乐、民航、公路客运、水路客运、出租汽车等行业减免城镇公用事业附加、地方水利建设基金（含防洪保安基金、防洪保安资金）、文化事业建设费、国家电影事业发展专项资金、残疾人就业保障金、三峡工程建设基金、农网还贷资金、库区维护建设基金（含库区维护基金、库区建设基金、库区后期扶持基金）、民航基础设施建设基金、公路客运附加费、水路客运附加费、各种价格调节基金、帮困资金（含帮困基金）、城市教育费附加、地方教育附加。在上述基金中，属于中央的收入，包括中央收取的文化事业建设费、国家电影事业发展专项资金、三峡工程建设基金、农网还贷资金、库区维护建设基金、民航基础设施建设基金、水路客运附加费、城市教育费附加等实行全部免收；属于地方的收入，其具体减免幅度由各省、自治区、直辖市财政厅（局）提出意见报经同级人民政府批准后执行，并报财政部备案。二、上述因减免基金而减少的收入，主要由有关部门和单位调减支出项目自行消化，各级财政原则上不予补助。	临时性减免部分行业的部分政府性基金项目。
2004	财政部关于发布（2003 年）全国政府性基金项目目录的通知	截至本通知发布之日，全国政府性基金项目以《基金目录》为准，凡未列入《基金目录》的政府性基金项目，有关地区、部门和单位都应当停止执行，公民、法人和其他社会组织有权拒绝支付。本通知发布后新设立的政府性基金项目，统一按照国务院或财政部文件规定执行。	目录之外，再无基金。至此，基本上每年（部分年份除外）年初财政部都会公布上一年的全国政府性基金项目目录。其实可以看作是 2002 年保留通知的延续。

续表

年份	会议/文件名/法规	内容简介	备注
2004	财政部关于加强政府非税收入管理的通知	分类规范管理政府非税收入；强化政府非税收入预算管理。 政府非税收入是指除税收以外，由各级政府、国家机关、事业单位、代行政府职能的社会团体及其他组织依法利用政府权力、政府信誉、国家资源、国有资产或提供特定公共服务、准公共服务取得并用于满足社会公共需要或准公共需要的财政资金，是政府财政收入的重要组成部分，是政府参与国民收入分配和再分配的一种形式。按照建立健全公共财政体制的要求，政府非税收入管理范围包括：行政事业性收费、政府性基金、国有资源有偿使用收入、国有资产有偿使用收入、国有资本经营收益、彩票公益金、罚没收入、以政府名义接受的捐赠收入、主管部门集中收入以及政府财政资金产生的利息收入等。社会保障基金、住房公积金不纳入政府非税收入管理范围。	将政府性基金归为非税收入。政府性基金的管理逐步由预算外到预算内，然后进一步明确其性质为非税收入。
2006	财政部关于处理18项到期政府性基金政策有关事项的通知	为了妥善处理2005年底到期的18项政府性基金。财政部广泛征求了相关部门、地方和企业的意见，与有关方面进行了沟通和协商，并对反馈意见进行了认真研究。经国务院批准，现就18项基金的有关处理事项通知如下： 一、陕西省帮困基金政策执行到2005年12月31日，从2006年1月1日起停止征收该项基金。 二、鉴于其余17项基金情况比较复杂，一些问题尚须进一步研究，故将其原有政策执行期限延至2006年底。 三、财政部将继续征求有关方面意见，并对上述17项政府性基金进行更加深入的调查研究，提出处理意见上报国务院，待国务院批准后按新政策执行。	
2006	财政部关于印发政府收支分类改革方案的通知	收支分类改革以前政府性基金支出基本是按照部门划分的。如80工业交通部门基金收入与支出。改革后，取消部门分类，基金收入直接在103非税收入类下第一款10301政府性基金收入；基金支出则按功能分类科目，将基金支出单独列示。	
2007	中央政府性基金国库集中支付管理暂行办法		

续表

年份	会议/文件名/法规	内容简介	备注
2008	国务院关于实施成品油价格和税费改革的通知	取消公路养路费、航道养护费、公路运输管理费、公路客货运附加费、水路运输管理费、水运客货运附加费六项收费。	
2009	关于进一步加强地方政府性基金预算管理的意见	地方各级财政部门要充分认识加强基金预算管理的重要性，统一思想和行动，将基金预算管理与公共财政预算管理摆在同等重要的位置，主动开展相关工作，切实采取有效措施，稳步提升地方基金预算管理水平。基金收入预算要根据经济形势变化和政策调整情况做出科学、准确的预测，为统筹安排年度支出打好基础；基金支出预算要按照"以收定支、专款专用"的原则合理安排，解决好事业发展需求与收入可能的关系。基本支出预算要如实、准确地反映预算单位机构编制、人员、经费类型等基础数据及变化情况。项目支出预算要细化到项目和具体活动，并对项目进行充分论证，确保项目的科学性、合理性和规范性。合理安排基金收支，不得编制赤字预算。正确处理好基金预算与公共财政预算之间的关系，按各自功能和定位，将应当统筹使用的资金统一纳入公共财政预算，将具有专款专用性质且不宜纳入公共财政预算管理的资金纳入基金预算。	强调基金预算与一般预算同等重要。指出基金预算管理中出现的问题，如与一般公共预算的协调问题、绩效考评问题、基金转移支付的问题等，这些问题全部都提到了，为分析预算管理中出现的问题提供了参考。
2010	财政部关于将按预算外资金管理的收入纳入预算管理的通知	决定从2011年1月1日起，将按预算外资金管理的收入（不含教育收费，以下简称预算外收入）全部纳入预算管理。其中，交通运输部集中的航道维护收入纳入政府性基金预算管理。	至此，除了教育收费实行财政专户管理以外，我国不再存在预算外资金。
2010	财政部关于印发《政府性基金管理暂行办法》的通知	政府性基金是指各级人民政府及其所属部门根据法律、行政法规和中共中央、国务院文件规定，为支持特定公共基础设施建设和公共事业发展，向公民、法人和其他组织无偿征收的具有专项用途的财政资金。 第九条：财政部于每年3月31日前编制截至上年12月31日的全国政府性基金项目目录，向社会公布。各省、自治区、直辖市人民政府（以下简称省级政府）财政部门按照财政部规定，于每年	明确要求对编制并对外公布基金目录，尤其是地方政府。中央政府此前已经开始。

续表

年份	会议/文件名/法规	内容简介	备注
		4月30日前编制截至上年12月31日在本行政区域范围内实施的政府性基金项目，向社会公布。 第二十六条：政府性基金收支纳入政府性基金预算管理。（将政府性基金转列一般公共预算，但是仍保留在政府性基金目录中，与此矛盾。因为转列之后还在政府性基金项目目录中反映，所以还是政府性基金。尤其是教育费附加一直属于政府性基金目录清单公示的基金，但是一直都在一般公共预算中管理。）	
2012	关于进一步做好将预算外资金纳入预算管理工作的通知	该通知主要包括三部分内容：一、核查财政资金，分类纳入预算管理；二、加强监督检查，巩固预算改革成果；三、查找清理文件，规范相关表述。尤其是第三条，明确要求地方各级财政部门要认真审阅2011年以来制发的文件，如果出现与《通知》规定不符合的表述，比如对现行资金管理仍使用"预算外""预算内"等词，要立即更正。现行有效文件中与"预算外资金（收入）"有关的内容如果与《通知》规定不符合，也要相应修订。在今后工作中，要避免出现与《通知》规定不符合的表述。	该通知意味着"预算外"和"预算内"的表述都将成为历史。
2013	关于进一步加强地方财政结余结转资金管理的通知	（六）加强地方政府性基金结余结转资金管理。完善政府性基金支出管理方式，加快预算执行，力争实现"当年收入、当年支出"。对连续两年及以上预算执行率达不到80%的基金支出项目，可在其资金管理办法规定的用途和使用范围内，将其累计结余资金调整到其他同类项目；确实无法执行的，研究将其累计结余资金调剂用于急需资金的建设项目和公共事业发展支出。	以收定支，当年收入、当年支出。
2013	中共中央关于全面深化改革若干重大问题的决定	五、深化财税体制改革 财政是国家治理的基础和重要支柱，科学的财税体制是优化资源配置、维护市场统一、促进社会公平、实现国家长治久安的制度保障。必须完善立法、明确事权、改革税制、稳定税负、透明预算、提高效率，建立现代财政制度，发挥中央和地方两个积极性。（17）改进预算管理制度。实施全面规范、公开透明的预算制度。审核预算的重点由平衡状态、赤字规模向支出预算和政策拓展。	三位一体的财税体制改革思路：改进预算管理制度；完善税收制度；建立事权和支出责任相适应的制度。 现代预算制度是现代财政制度的重要基石。

续表

年份	会议/文件名/法规	内容简介	备注
		清理规范重点支出同财政收支增幅或生产总值挂钩事项，一般不采取挂钩方式。建立跨年度预算平衡机制，建立权责发生制的政府综合财务报告制度，建立规范合理的中央和地方政府债务管理及风险预警机制。	
2014	中华人民共和国预算法（2014年修正）	第一条：为了规范政府收支行为，强化预算约束，加强对预算的管理和监督，建立健全全面规范、公开透明的预算制度，保障经济社会的健康发展，根据宪法，制定本法。 第四条：预算由预算收入和预算支出组成。 政府的全部收入和支出都应当纳入预算。 第五条：预算包括一般公共预算、政府性基金预算、国有资本经营预算、社会保险基金预算。 一般公共预算、政府性基金预算、国有资本经营预算、社会保险基金预算应当保持完整、独立。政府性基金预算、国有资本经营预算、社会保险基金预算应当与一般公共预算相衔接。 第九条：政府性基金预算是对依照法律、行政法规的规定在一定期限内向特定对象征收、收取或者以其他方式筹集的资金，专项用于特定公共事业发展的收支预算。 政府性基金预算应当根据基金项目收入情况和实际支出需要，按基金项目编制，做到以收定支。	政府全部收支都纳入预算，就是要建立全口径的政府预算体系。目前，我国的政府预算体系是由四本预算构成的四位一体的全口径的政府复式预算体系。 第五条第二款，其他预算与一般公共预算衔接，可见一般预算是主体，占主导地位。
2014	关于南水北调工程基金有关问题的通知	自本通知印发之日（2014年9月6日）起，已完成基金上缴任务的北京市、天津市、江苏省、山东省、河南省（以下简称五省市）取消基金。河北省基金筹集期延长五年。从2014年起，河北省要将欠缴的基金46.1亿元分五年均衡上缴中央国库，即2014年上缴9.22亿元，2015年上缴9.22亿元，2016年上缴9.22亿元，2017年上缴9.22亿元，2018年上缴9.22亿元，每年上缴任务于当年12月31日前完成。	

续表

年份	会议/文件名/法规	内容简介	备注
2014	国务院关于加强地方政府性债务管理的意见	二、加快建立规范的地方政府举债融资机制 （二）建立规范的地方政府举债融资机制。地方政府举债采取政府债券方式。没有收益的公益性事业发展确需政府举借一般债务的，由地方政府发行一般债券融资，主要以一般公共预算收入偿还。有一定收益的公益性事业发展确需政府举借专项债务的，由地方政府通过发行专项债券融资，以对应的政府性基金或专项收入偿还。 三、对地方政府债务实行规模控制和预算管理 （三）把地方政府债务分门别类纳入全口径预算管理。地方政府要将一般债务收支纳入一般公共预算管理，将专项债务收支纳入政府性基金预算管理，将政府与社会资本合作项目中的财政补贴等支出按性质纳入相应政府预算管理。地方政府各部门、各单位要将债务收支纳入部门和单位预算管理。或有债务确需地方政府或其部门、单位依法承担偿债责任的，偿债资金要纳入相应预算管理。	对应关系：一般债务、一般债券、一般公共预算；专项债务、专项债券、政府性基金预算。 2015年中央和地方预算草案中的政府性基金预算部分，国务院同意新增发行地方政府专项债券1000亿元，用于有一定收益的公益性事业发展。此后每年分别安排4000亿元、8000亿元、13500亿元地方政府专项债券。
2014	国务院关于深化预算管理制度改革的决定	按照推进国家治理体系和治理能力现代化的要求，着力构建规范的现代预算制度。 完善政府预算体系。建立将政府性基金中应统筹使用的资金列入一般公共预算的机制。 对地方政府债务实行规模控制和分类管理。地方政府债务规模实行限额管理，地方政府举债不得突破批准的限额。地方政府债务分为一般债务、专项债务两类，分类纳入预算管理。一般债务通过发行一般债券融资，纳入一般公共预算管理。专项债务通过发行专项债券融资，纳入政府性基金预算管理。	明确提出"现代预算制度"这个概念。自2015年，政府性基金收支决算表中开始反映专项债数据。
2014	关于全面清理涉及煤炭原油天然气收费基金有关问题的通知	自2014年12月1日起，在全国范围统一将煤炭、原油、天然气矿产资源补偿费费率降为零，停止征收煤炭、原油、天然气价格调节基金，取消煤炭可持续发展基金（山西省）、原生矿产品生态补偿费（青海省）、煤炭资源地方经济发展费（新疆维吾尔自治区）。	

续表

年份	会议/文件名/法规	内容简介	备注
2014	关于印发《地方政府存量债务纳入预算管理清理甄别办法》的通知	第二条 清理甄别工作的目的,是清理存量债务,甄别政府债务,为将政府债务分门别类纳入全口径预算管理奠定基础。 第五条 地方各级政府要结合清理甄别工作,认真甄别筛选融资平台公司存量项目,对适宜开展政府与社会资本合作(PPP)模式的项目,要大力推广PPP模式,达到既鼓励社会资本参与提供公共产品和公共服务并获取合理回报,又减轻政府公共财政举债压力、腾出更多资金用于重点民生项目建设的目的。 第十一条 甄别工作由财政部门牵头负责。财政部门商有关部门对地方政府负有偿还责任的存量债务进行逐笔甄别。其中: (一)通过PPP模式转化为企业债务的,不纳入政府债务。 (二)项目没有收益、计划偿债来源主要依靠一般公共预算收入的,甄别为一般债务。如义务教育债务。 (三)项目有一定收益、计划偿债来源依靠项目收益对应的政府性基金收入或专项收入、能够实现风险内部化的,甄别为专项债务。如土地储备债务。 (四)项目有一定收益但项目收益无法完全覆盖的,无法覆盖的部分列入一般债务,其他部分列入专项债务。	
2014	关于完善政府预算体系有关问题的通知	加大政府性基金预算与一般公共预算的统筹力度。从2015年1月1日起,将政府性基金预算中用于提供基本公共服务以及主要用于人员和机构运转等方面的项目收支转列一般公共预算,具体包括地方教育附加、文化事业建设费、残疾人就业保障金、从地方土地出让收益计提的农田水利建设和教育资金、转让政府还贷道路收费权收入、育林基金、森林植被恢复费、水利建设基金、船舶港务费、长江口航道维护收入11项基金。	其中,1030216地方教育附加、1030217文化事业建设费、1030218残疾人就业保障金、1030219教育资金收入、1030220农田水利建设资金收入、1030221育林基金、1030222森林植被恢复费、水利建设基金(改为1030223水利建设专项收入)转列为10302专项收入;103044219船舶港务费、长江口航道维护收入(改为103044220长江口航道维护费)转列为10304行政事业性收费,其中,船舶港务费又于2015年10月1日取消;1030709转让政府还贷道路收费权收入转列为10307国有资源(资产)有偿使用收入。

续表

年份	会议/文件名/法规	内容简介	备注
2014	国务院办公厅关于进一步做好盘活财政存量资金工作的通知	（二）清理政府性基金预算结转资金。各级政府性基金预算结转资金原则上按有关规定继续专款专用。结转资金规模较大的，应调入一般公共预算统筹使用。每一项政府性基金结转资金规模一般不超过该项基金当年收入的30%。	
2015	关于进一步加强行政事业性收费和政府性基金管理的通知	建立规范有序、公开透明的收费基金管理制度；强调法律法规。新设立涉企收费基金项目，必须依据法律、行政法规的规定。对没有法律、行政法规依据但按照国际惯例或对等原则确需设立的，由财政部会同有关部门审核后报国务院批准。	行政事业性收费和政府性基金（以下简称收费基金），注意这个简称，并非是一种或一类基金叫作收费基金。
2015	财政部关于印发《2015年地方政府专项债券预算管理办法》的通知	第九条 根据政府性基金科目发行的专项债券收入，在政府性基金预算收入合计线下，按照专项债券对应的政府性基金预算收入科目明细反映。 第十条 专项债券收入安排的项目支出，根据拟使用债务资金的项目支出情况，在政府性基金预算支出合计线上，按照专项债券对应的政府性基金预算支出科目明细反映；安排用于置换存量专项债务的支出，根据存量专项债务当年本息情况，在政府性基金预算支出合计线下，按照专项债务对应的政府性基金预算支出科目明细反映。 第十一条 专项债券付息支出根据专项债券发行规模、利率等情况，在政府性基金预算支出合计线上，按照专项债券对应的政府性基金预算支出科目明细反映。	从《财政年鉴》地方政府性支出的表中就可以看出。
2015	关于印发《地方政府专项债券发行管理暂行办法》的通知		
2015	国务院关于印发推进财政资金统筹使用方案的通知	加大政府性基金预算转列一般公共预算的力度。完善政府预算体系，对政府性基金预算中未列入政府性基金目录清单的收入项目，除国务院批准的个别事项外，三年内逐步调整转列一般公共预算，并统筹使用。从2016年1月1日起，将水土保持补偿费、政府住房基金、无线电频率占用费、铁路资产变现收入、电力改革预留资产变现收入5	103044609 水土保持补偿费、10309 政府住房基金、103044308 无线电频率占用费、1030712 铁路资产变现收入、1030713 电力改革预留资产变现收入。

续表

年份	会议/文件名/法规	内容简介	备注
		项基金转列一般公共预算。上述基金转列后，支出仍主要用于或专项用于安排相关支出，且收入规模增加的，支出规模原则上相应增加。 加大政府性基金预算调入一般公共预算的力度。暂时保留在政府性基金预算管理的资金，与一般公共预算投向类似的，应调入一般公共预算统筹使用，或制定统一的资金管理办法，实行统一的资金分配方式。对政府性基金预算结转资金规模超过该项基金当年收入30%的部分，应补充预算稳定调节基金统筹使用。 推进专项收入统筹使用。三年内逐步取消一般公共预算中以收定支的规定，2016年先行取消城市维护建设税以及矿产资源补偿费、探矿权采矿权使用费和价款、草原植被恢复费、海域使用金等专项收入专款专用，相应推动修改法律法规，对相关领域支出统筹安排保障。新出台的税收收入或非税收入政策，一般不得规定以收定支、专款专用。 清理压缩政府性基金和专项收入。结合投融资体制改革和政府职能转变，取消政策效应不明显、不适应市场经济发展的政府性基金和专项收入项目。归并征收对象相同、计征方式和资金用途相似、重复设置的政府性基金和专项收入项目。结合税制改革，依法将具有税收性质的政府性基金和专项收入改为税收。对决定取消、归并、调整的政府性基金，及时推动修订相关法律法规。 一般债务资金纳入一般公共预算，由地方各级财政部门统筹用于没有收益的公益性项目建设；专项债务资金纳入对应的政府性基金，与该项政府性基金统筹用于对应有一定收益的公益性项目建设。	10109 城市维护建设税以及 103071401 矿产资源补偿费、103071402 探矿权采矿权使用费和 103071403 价款、103044436 草原植被恢复费、1030701 海域使用金等专项收入。
2015	中共中央办公厅 国务院办公厅印发《深化国税、地税征管体制改革方案》	发挥税务部门税费统征效率高等优势，按照便利征管、节约行政资源的原则，将依法保留、适宜由税务部门征收的行政事业性收费、政府性基金等非税收入项目，改由地税部门统一征收。	

续表

年份	会议/文件名/法规	内容简介	备注
2016	清理规范政府性基金方案	对清理规范政府性基金提出五项具体内容： 一是取消地方违规设立的基金。有三项，包括引松基金、车用天然气调价收入资金、大工业用户燃气燃油加工费等； 二是将三项不能更好适应政府职能转变要求的基金征收标准降为零或停征。包括将新菜地开发建设基金和育林基金征收标准降为零；停征价格调节基金； 三是整合七项征收对象相同、计征方式和资金用途相似的基金。具体包括，将散装水泥专项资金并入新型墙体材料专项基金；将大中型水库移民后期扶持基金、省际大中型水库库区基金、三峡水库库区基金三项基金合并为中央水库移民扶持基金；将省级大中型水库库区基金、小型水库移民扶助基金合并为地方水库移民扶持基金； 四是扩大有关基金的免征范围； 五是对现阶段保留的基金实行规范化管理。	未查询到方案全文，只有内容报道。
2016	关于取消、停征和整合部分政府性基金项目等有关问题的通知	一、将新菜地开发建设基金征收标准降为零。 二、将育林基金征收标准降为零。 三、停征价格调节基金。该基金停止通过向社会征收方式筹集，所需资金由各地根据实际情况，通过地方同级预算统筹安排，保障调控价格、稳定市场工作正常开展。 四、将散装水泥专项资金并入新型墙体材料专项基金。 五、将大中型水库移民后期扶持基金、跨省（区、市）大中型水库库区基金、三峡水库库区基金合并为中央水库移民扶持基金。将省级大中型水库库区基金、小型水库移民扶助基金合并为地方水库移民扶持基金。 八、本通知自 2016 年 2 月 1 日起执行。	
2016	关于规范土地储备和资金管理等相关问题的通知	四、妥善处置存量土地储备债务 对清理甄别后认定为地方政府债务的截至 2014 年 12 月 31 日的存量土地储备贷款，应纳入政府性基金预算管理，偿债资金通过政府性基金预算统筹安排，并逐步发行地方政府债券予以置换。 五、调整土地储备筹资方式	

续表

年份	会议/文件名/法规	内容简介	备注
		土地储备机构新增土地储备项目所需资金，应当严格按照规定纳入政府性基金预算，从国有土地收益基金、土地出让收入和其他财政资金中统筹安排，不足部分在国家核定的债务限额内通过省级政府代发地方政府债券筹集资金解决。自2016年1月1日起，各地不得再向银行业金融机构举借土地储备贷款。地方政府应在核定的债务限额内，根据本地区土地储备相关政府性基金收入、地方政府性债务风险等因素，合理安排年度用于土地储备的债券发行规模和期限。	
2016	财政部关于印发《中央部门结转和结余资金管理办法》的通知	第二条 本办法所称结转结余资金，是指与中央财政有缴拨款关系的中央级行政单位、事业单位（含企业化管理的事业单位）、社会团体及企业，按照财政部批复的预算，在年度预算执行结束时，未列支出的一般公共预算和政府性基金预算资金。 第三条 结转资金是指预算未全部执行或未执行，下年需按原用途继续使用的预算资金。结余资金是指项目实施周期已结束、项目目标完成或项目提前终止，尚未列支的项目支出预算资金；因项目实施计划调整，不需要继续支出的预算资金；预算批复后连续两年未用完的预算资金。	
2016	关于在公共服务领域深入推进政府和社会资本合作工作的通知	八、切实有效履行财政管理职能。各级财政部门要会同行业主管部门合理确定公共成本，统筹安排公共资金、资产和资源，平衡好公众负担和社会资本回报诉求，构建PPP项目合理回报机制。对于政府性基金预算，可在符合政策方向和相关规定的前提下，统筹用于支持PPP项目。对于使用者付费项目，涉及特许经营权的要依法定程序评估定价，合理折价入股或授予转让，切实防止国有资产流失。对于使用者付费完全覆盖成本和收益的项目，要依据合同将超额收益的政府方成分及时足额监缴入国库，并按照事先约定的价格调整机制，确保实现价格动态调整，切实减轻公众负担。	文件较早明确了除"一般公共预算"，政府性基金预算在适用条件时亦可用于PPP项目。 PPP项目的资金来源与未来收益及清偿责任，不得与土地出让收入挂钩。"五个不得"之一。

续表

年份	会议/文件名/法规	内容简介	备注
2016	国务院办公厅关于印发地方政府性债务风险应急处置预案的通知	市县债务管理领导小组或债务应急领导小组认为确有必要时，可以启动财政重整计划。市县政府年度一般债务付息支出超过当年一般公共预算支出10%的，或者专项债务付息支出超过当年政府性基金预算支出10%的，债务管理领导小组或债务应急领导小组必须启动财政重整计划。	
2016	国务院关于编制2017年中央预算和地方预算的通知	进一步推进财政资金统筹使用，加大政府性基金预算转列一般公共预算力度，从2017年1月1日起，将新增建设用地土地有偿使用费、南水北调工程基金、烟草企业上缴专项收入由政府性基金预算调整转列为一般公共预算。	相关文件2017年3月份印发。2017年财政收支情况。
2016	关于印发《地方政府专项债务预算管理办法》的通知	第三条 专项债务收入、安排的支出、还本付息、发行费用纳入政府性基金预算管理。 第五条 专项债务收入应当用于公益性资本支出，不得用于经常性支出。 第七条 专项债务收支应当按照对应的政府性基金收入、专项收入实现项目收支平衡，不同政府性基金科目之间不得调剂。执行中专项债务对应的政府性基金收入不足以偿还本金和利息的，可以从相应的公益性项目单位调入专项收入弥补。 专项债务收入应当在政府性基金预算收入合计线下反映，省级列入"专项债务收入"下对应的政府性基金债务收入科目，市县级列入"地方政府专项债务转贷收入"下对应的政府性基金债务转贷收入科目。 专项债务安排本级的支出，应当在政府性基金预算支出合计线上反映，根据支出用途列入相关预算科目；转贷下级支出应当在政府性基金预算支出合计线下反映，列入"债务转贷支出"下对应的政府性基金债务转贷支出科目。	专项债务很早就有了，见2007年地方政府性债务报表填报说明，将直接债务分为一般债务和专项债务，其中，一般债务是指没有对应财政收入来源的债务，专项债务指有对应经营性收益或制度性收入来源的项目举借的债务，如用土地出让金作为还款来源的城市基础设施建设项目。
2017	关于取消、调整部分政府性基金有关政策的通知	一、取消城市公用事业附加和新型墙体材料专项基金。 七、本通知自2017年4月1日起执行。《财政部关于征收城市公用事业附加的几项规定》《财政部 国家发展改革委关于印发〈新型墙体材料专项基金征收使用管理办法〉的通知》同时废止。	取消城市公用事业附加、新型墙体材料专项基金。

续表

年份	会议/文件名/法规	内容简介	备注
2017	财政部关于印发新增地方政府债务限额分配管理暂行办法的通知		债务限额分配公式，一般公共预算财力，政府性基金预算财力。
2017	关于印发《地方政府土地储备专项债券管理办法（试行）》的通知	第三条 本办法所称地方政府土地储备专项债券（以下简称土地储备专项债券）是地方政府专项债券的一个品种，是指地方政府为土地储备发行，以项目对应纳入政府性基金预算管理的国有土地使用权出让收入或国有土地收益基金收入（以下统称土地出让收入）偿还的地方政府专项债券。	土地储备专项债券是地方政府专项债券的首个细分品种。
2017	关于印发《地方政府收费公路专项债券管理办法（试行）》的通知	第三条 本办法所称地方政府收费公路专项债券（以下简称收费公路专项债券）是地方政府专项债券的一个品种，是指地方政府为发展政府收费公路举借，以项目对应纳入政府性基金预算管理的车辆通行费收入、专项收入偿还的地方政府专项债券。前款所称专项收入包括政府收费公路项目对应的广告收入、服务设施收入、收费公路权益转让收入等。	又一个细分品种。注意：此处专项收入，并非一般公共预算中的一个款级科目。专项债券中的专项收入应该都是如此。
2017	财政部对十二届全国人大五次会议第2587号建议的答复	在大力推广PPP模式、积极为PPP项目落地创造条件的同时，为规范PPP发展，保障政府履约能力，防范和控制财政风险，近年来我们制定了《PPP项目财政承受能力论证指引》《PPP项目财政管理暂行办法》等一系列制度规范，明确要求统筹评估和控制PPP项目的财政支出责任，每一年度需要从一般公共预算安排的PPP项目支出责任不超过一般公共预算的10%，将符合条件的PPP项目的财政支出责任纳入预算管理，并由上级财政部门对下级财政部门进行监管，从而对政府履行合同义务形成有效约束，对财政风险加强管理。10%的红线，是在参考借鉴国际通行标准（6%~7%）的基础上、结合我国城镇化发展实际需要、经过反复论证最终确定的"上限"。且10%"上限"控制的仅是需要从一般公共预算中安排的支出责任，并不包括政府从其他基金预算或以土地、无形资产等投入的部分，旨在鼓励地方积极盘活存量资源、资产等吸引社会资本参与PPP项目。	

续表

年份	会议/文件名/法规	内容简介	备注
2017	决胜全面建成小康社会 夺取新时代中国特色社会主义伟大胜利——在中国共产党第十九次全国代表大会上的报告	五、贯彻新发展理念，建设现代化经济体系 （五）加快完善社会主义市场经济体制。加快建立现代财政制度，建立权责清晰、财力协调、区域均衡的中央和地方财政关系。建立全面规范透明、标准科学、约束有力的预算制度，全面实施绩效管理。深化税收制度改革，健全地方税体系。	在十八届三中全会决议和预算法的基础上进行扩充。由"全面规范、公开透明"到"全面规范透明、标准科学、约束有利"的预算制度。

参 考 文 献

[1] 阿伦·威尔达夫斯基著. 苟燕楠译. 预算与治理 [M]. 上海财经大学出版社, 2010.

[2] 贝塔朗菲, 周碧松. 拉兹洛《系统哲学导论》一书序 [J]. 内蒙古社会科学（文史哲版）, 1990 (04): 20-22.

[3] 陈发源. 我国政府性基金法律制度研究 [D]. 安徽大学, 2012.

[4] 陈立齐, 陈穗红, 石英华. 美国政府会计准则研究: 对中国政府会计改革的启示 [M]. 中国财政经济出版社, 2009.

[5] 陈琴. 政府性基金求变 [J]. 新理财: 政府理财, 2014 (6): 78-79.

[6] 陈宇. 中国土地收支预算管理研究 [D]. 华中科技大学, 2012.

[7] 崔岫昆. 政府性基金的规范化研究 [D]. 西南政法大学, 2015.

[8] 崔振东. 我国政府预决算偏离度问题研究 [D]. 首都经济贸易大学, 2009.

[9] 邓力平. 新预算法: 基于中国特色社会主义财政的理解 [J]. 财政研究, 2015 (10): 21-25.

[10] 邓秋云, 邓力平. 政府性基金预算: 基于中国特色财政的理解 [J]. 财政研究, 2016 (07): 2-10.

[11] 董大胜. 改革预算编制形式实行复式预算 [J]. 财政, 1987 (03): 24-25.

[12] 范乃秋. 关于政府性基金预算结转资金调入问题的思考 [J]. 预算管理与会计, 2016 (11): 51-52.

[13] 冯辉. 地方政府竞争、财政压力与地方预算编制科学性——基于省级面板数据的分析 [J]. 当代财经, 2017 (04): 134-144.

[14] 冯辉, 沈肇章. 地方财政收入预决算偏离: 晋升激励与税收任务 [J]. 广东财经大学学报, 2015 (05): 58-68.

[15] 冯辉, 沈肇章. 政治激励、税收计划与地方财政收入预决算偏离——基于省际动态面板数据模型的分析 [J]. 云南财经大学学报, 2015 (03): 27-39.

[16] 冯俏彬. 分类整顿我国政府性基金的主要政策建议 [J]. 经济研究参考, 2015 (48): 26+33.

[17] 冯俏彬. 国家治理视角下的政府性基金管理研究 [J]. 地方财政研究, 2015 (07): 16-21.

[18] 冯俏彬, 郑朝阳. 规范我国政府性基金的运行管理研究 [J]. 财经科学, 2013 (4): 120-124.

[19] 冯任佳, 黄国希, 骆平原等. 政府性基金预算管理问题研究 [J]. 预算管理与会计, 2010 (08): 52-54.

[20] 甘家武, 龚旻. 预算透明度问题的再界定: 基于中性原则的分析框架 [J]. 云南财经大学学报, 2015 (02): 73-81.

[21] 高美祥. 论我国实行复式预算的可行性 [J]. 金融教学与研究, 1987 (04): 4-9.

[22] 高培勇. "费改税": 经济学界如是说 [M]. 经济科学出版社, 1999.

[23] 高培勇. 关注预决算偏离度 [J]. 涉外税务, 2008 (01): 5-6.

[24] 高培勇. 扭转政府预算约束的弱化势头 [J]. 经济, 2006 (03): 40-41.

[25] 高培勇. 中国税收持续高速增长之谜 [J]. 经济研究, 2006 (12): 13-23.

[26] 龚锋, 卢洪友. 公共支出结构、偏好匹配与财政分权 [J]. 管理世界, 2009 (01): 10-21.

[27] 郭海萍. 中国政府性基金管理及规范化研究 [D]. 云南财经大学, 2017.

[28] 郭婧, 贾俊雪. 地方政府预算是以收定支吗?——一个结构性因果关系理论假说 [J]. 经济研究, 2017 (10): 128-143.

[29] 郭文华, 张迪. 地方财政对土地收入依赖程度分析 [C]. 2015 海峡两岸土地学术交流会, 合肥, 2015.

[30] 韩丽娜. 从政府预决算偏离度谈预算管理改革 [J]. 财会研究, 2012 (14): 6-9.

[31] 韩霖, 赵薇薇. 切断超收和超支之间的"直通车"探寻解决预决

算偏离度过大的良方——专访中国社会科学院财政与贸易经济研究所副所长高培勇[J].涉外税务,2008(8):9-12.

[32] 何盛明.财经大辞典[M].中国财政经济出版社,1990.

[33] 何志浩.重构我国复式预算体系[J].当代经济管理,2010(01):67-70.

[34] 胡兰玲,曹玉雯.我国政府性基金设立制度研究——以国家重大水利工程建设基金为视角[J].河北法学,2014,32(2):55-64.

[35] 胡文骏,刘晔.财政分权、预算结构与地方政府生产性支出偏向——基于款级科目的数据调整分析[J].当代财经,2016(05):33-44.

[36] 霍军.新中国60年税收管理体制的变迁[J].当代中国史研究,2010(3):52-59.

[37] 卡恩·阿曼,巴特利·希尔德雷思著.韦曙林译.公共部门预算理论[M].上海人民出版社,2010.

[38] 寇铁军,高巍.建立政府全口径预算与完善政府复式预算体系的思考[J].中国财政,2013(21):44-45.

[39] 李金华.行政事业性收费与政府性基金管理审计手册[M].经济管理出版社,1997.

[40] 理查·A.穆斯格雷夫,皮吉·B.穆斯格雷夫著.邓子基,邓力平译.美国财政理论与实践(第四版)[M].中国财政经济出版社,1987.

[41] 林颖.我国宏观税负水平评析:基于IMF和OECD税收收入口径[J].涉外税务,2009(11):25-29.

[42] 刘丽华.基于政府收支分类体系改革的支出预算管理研究[D].湖南大学,2008.

[43] 刘叔申.政府预算的科学性与软约束——基于中国财政预算执行情况的实证分析[J].中国行政管理,2010(02):110-115.

[44] 刘用铨.国家艺术基金不属于政府性基金范畴[N].中国会计报,2014-08-22.

[45] 刘用铨.中外政府预算与政府会计中几个基金概念辨析[N].中国会计报,2014-08-15.

[46] 刘忠庆.目前盘活财政存量资金遇到的障碍和困难[J].经济研究参考,2016(48):23-24.

[47] 卢洪友,单新萍.公民权利、民主预算与预算信息公开[J].财政研究,2012(04):19-21.

[48] 卢洪友,卢盛峰,陈思霞. 公共品定价机理研究 [M]. 人民出版社,2011.

[49] 卢洪友,卢盛峰,陈思霞. 中国地方政府供给公共服务匹配程度评估 [J]. 财经问题研究,2011 (03):96-103.

[50] 罗伯特·D. 李著. 苟燕楠译. 公共预算体系 [M]. 中国财政经济出版社,2011.

[51] 马海涛,白彦锋,旷星星. 政治激励、财力缺失与地方非税收入预决算偏离度——基于省际面板数据的分析 [J]. 地方财政研究,2017 (01):21-29.

[52] 马骏,谭君久,王浦劬. 走向"预算国家":治理、民主和改革 [M]. 中央编译出版社,2011.

[53] 马新智,陈丽蓉. 财政支出预算编制松弛:基于省际数据的实证研究 [J]. 经济研究参考,2016 (38):60-63.

[54] 马新智,郑石桥,单新涛. 政府性基金预算松弛研究:以新疆为例 [J]. 经济研究参考,2009 (21):45-48.

[55] 毛捷,管汉晖,林智贤. 经济开放与政府规模——来自历史的新发现 (1850~2009) [J]. 经济研究,2015 (07):87-101.

[56] 美国联邦会计准则顾问委员会著. 陈工孟、张琦、姜海译. 美国联邦政府财务会计概念与准则公告 [M]. 人民出版社,2004.

[57] 美国政府财务官协会著. 财政部国库司译. 政府会计、审计和财务报告 [M]. 经济科学出版社,2011.

[58] 美国政府会计委员会著. 马如雪,刘颖,陈胜群译. 美国州和地方政府会计与财务报告准则汇编 [M]. 人民出版社,2004.

[59] 佩塔斯尼克·埃里克·M著. 郭小东等译. 美国预算中的信托基金:联邦信托基金和委托代理政治 [M]. 格致出版社,2009.

[60] 钱学森,许国志,王寿云. 组织管理的技术——系统工程 [J]. 上海理工大学学报,2011 (06):520-525.

[61] 饶星. 政府性基金的性质及管理依据研究 [D]. 西南财经大学,2013.

[62] 任园园. 行政法视角下的民航发展基金法律问题研究 [D]. 广西大学,2014.

[63] 桑贾伊·普拉丹著. 蒋洪等译. 公共支出分析的基本方法 [M]. 中国财政经济出版社,2000.

[64] 上海财经大学公共政策研究中心. 2011 中国财政发展报告——中国宏观税负及其扩展研究 [M]. 上海财经大学出版社, 2011.

[65] 孙飞. 政府性基金预算管理研究 [D]. 东北财经大学, 2016.

[66] 孙皇城, 韩静. 政府预算松弛的成因及治理研究——基于信息不对称的视角 [C]. 政府会计改革理论与实务研讨会, 2014.

[67] 孙皇城. 我国政府预算松弛成因及其治理研究 [D]. 东南大学, 2014.

[68] 孙志. 关于政府性基金问题的思考 [J]. 中国财政, 1998 (05): 46-48.

[69] 谭郁森. 中国政府性基金的公平研究 [D]. 上海财经大学, 2013.

[70] 唐仲, 张绘. 政府预算的衔接性: 理论探索、实践与反思 [J]. 地方财政研究, 2016 (05): 55-63.

[71] 田俊荣. 政府性基金: "民生导向"渐萌芽 [N]. 人民日报, 2011-03-21.

[72] 王华春, 刘清杰. 地区财政收入预决算偏离的空间效应与影响因素研究——来自空间统计和空间面板计量模型的经验检验 [J]. 北京师范大学学报(社会科学版), 2017 (5): 136-149.

[73] 王金秀. 基于全口径预算重构分税制财政体制 [J]. 财政研究, 2014 (01): 16-19.

[74] 王璟谛. 广西政府性基金预算管理问题研究 [J]. 经济研究参考, 2010 (71): 13-17.

[75] 王开国, 张馨. 关于我国实行复式预算的若干思考 [J]. 财政研究, 1989 (03): 7-10.

[76] 王守坤, 任保平. 中国省级政府间财政竞争效应的识别与解析: 1978~2006年 [J]. 管理世界, 2008 (11): 32-43+187.

[77] 王为民. 关于完善我国非税收入管理问题的研究 [M]. 西南交通大学出版社, 2007.

[78] 韦薇. 基础建设类政府性基金制度建构的基本原则——以我国大型水利工程运作为例 [D]. 北京大学, 2012.

[79] 温娇秀. 2017 中国财政发展报告——中国政府性基金规范化管理研究 [M]. 北京大学出版社, 2017.

[80] 吴俊培. PUBLIC GOODS 的译名应是公共商品——兼论公共商品概念的理论意义 [J]. 财政研究, 1994 (5): 58-60.

[81] 吴俊培. 公共经济学 [M]. 武汉大学出版社, 2009.

[82] 吴俊培, 龚旻. 基于公共预算中性的事权划分及其财力约束研究 [J]. 财政研究, 2015 (05): 34-38.

[83] 吴俊培, 龚旻. 一般公共预算透明的制度安排研究 [J]. 财贸经济, 2015 (09): 5-18.

[84] 吴俊培, 郭柃沂. 关于建构我国一般性转移支付基金制度的可行性研究 [J]. 财贸经济, 2016 (12): 47-56.

[85] 吴俊培, 郭柃沂. 论效率与公平的税收制度 [J]. 税务研究, 2016 (01): 10-14.

[86] 吴俊培. 我国财政风险评估及其防范对策研究 [M]. 经济科学出版社, 2017.

[87] 吴俊培. 中国地方政府预算改革研究 [M]. 中国财政经济出版社, 2012.

[88] 吴明明. 中国地方政府收入预算的科学性研究 [D]. 浙江财经大学, 2014.

[89] 吴旭东, 张果. 我国政府性基金的性质、规模与结构研究 [J]. 财经问题研究, 2014 (11): 23-28.

[90] 吴赟. 不能滥用政府性基金预算承担 PPP 项目财政支出责任 [J]. 中国招标, 2018 (04): 23-25.

[91] 辛红霞, 孙洪武, 张锋. 全面深化改革背景下省级农科院管理服务系统优化对策探讨 [J]. 农业科技管理, 2016 (01): 10-13.

[92] 熊伟. 国有资本经营预算: 专款专用还是专款通用? [N]. 东方早报, 2012-09-04.

[93] 熊伟. 专款专用的政府性基金及其预算特质 [J]. 交大法学, 2012 (01): 62-73.

[94] 徐阳光. 如何实现"以支定收"——新《预算法》理财观解读 [J]. 税务研究, 2015 (01): 66-72.

[95] 徐阳光. 收入预测与预算法治——预决算收入偏差的法律评估 [J]. 社会科学, 2011 (4): 43-51.

[96] 许金柜. 我国政府预算制度的历史演进与改革模式研究 (1949-2013) [D]. 福建师范大学, 2014.

[97] 薛建兰. 我国政府性基金的法律思考——以国家治理现代化为视角 [C]. 中国经济法学研究会 2014 年年会暨全国经济法理论研讨会, 2014.

[98] 杨鸿南. 市级政府性基金收支与管理研究 [D]. 清华大学, 2014.

[99] 杨晖, 赵早早. 政府性基金预算的现状、规范与建议 [C]. 中国梦·深化改革与转型发展——聚焦十八届三中全会: 第七届北京市中青年社科理论人才"百人工程"学者论坛, 中国北京, 2013.

[100] 姚彤. 新《预算法》解读 [M]. 东南大学出版社, 2015.

[101] 叶姗. 一般公共预算收入预期之实现 [J]. 税务研究, 2015 (01): 78-84.

[102] 叶振鹏, 杨柳. 建立基金预算是发挥财政宏观调节作用的重要措施 [J]. 财政, 1985 (07): 12-13.

[103] 尹恒, 朱虹. 县级财政生产性支出偏向研究 [J]. 中国社会科学, 2011 (01): 88-101.

[104] 苑德宇. 地方政府投资的决定因素研究: 基于税收预决算偏离的视角 [J]. 世界经济, 2014 (08): 173-192.

[105] 岳红举, 单飞跃. 政府性基金预算与一般公共预算统筹衔接的法治化路径 [J]. 财政研究, 2018 (01): 101-111.

[106] 张斌. 政府性基金谋变 [J]. 新理财（政府理财）, 2015 (10): 76-77.

[107] 张德勇. 中国政府预算外资金管理: 现状、问题与对策 [J]. 财贸经济, 2009 (10): 37-44.

[108] 张维. 政府性基金预算不再专款专用 [N]. 法制日报, 2015-01-22.

[109] 张四明, 方清风. 非营业基金的理论基础及其与总预算之关系 [J]. 财税研究, 2003, 35 (3): 40-60.

[110] 赵海利, 吴明明. 我国地方政府收入预算的科学性——基于1994~2010年地方收入预算执行情况的分析 [J]. 经济社会体制比较, 2014 (06): 135-147.

[111] 赵涛. 我国财政复式预算问题研究 [J]. 管理世界, 1992 (05): 37-43.

[112] 郑坚. 关于进一步加强本市政府性基金预算管理的研究 [J]. 新会计, 2014 (04): 36-38.

[113] 郑石桥, 马新智, 单新涛. 基于一般预算的财政预算松弛研究——以新疆为例 [J]. 财政监督, 2009 (11): 60-61.

[114] 朱柏铭. 厘定"政府性基金"的性质 [J]. 行政事业资产与财

务，2012（03）：7-13.

[115] 朱静. 在法律保障下的美国政府性基金 [J]. 新理财：政府理财，2013（4）：75.

[116] Acharya S R, Morichi S, Tiglao N C. Improving Institutions, Funding, and Financing [M]. Springer Berlin Heidelberg, 2012.

[117] Allen R, Hemming R, Potter B H. The International Handbook of Public Financial Management [M]. Palgrave Macmillan, 2013.

[118] Athanassakos A. General fund financing versus earmarked taxes: an alternative model of budgetary choice in a democracy [J]. Public Choice, 1990, 66 (3): 261-278.

[119] Baranzini A, Carattini S. Effectiveness, earmarking and labeling: testing the acceptability of carbon taxes with survey data [J]. Environmental Economics & Policy Studies, 2017: 1-31.

[120] Bendor J. Review Article: Formal Models of Bureaucracy [J]. British Journal of Political Science, 1988, 18 (3): 353-395.

[121] Bilodeau M. Public Goods Provision Institutions [M]. Springer Netherlands, 1993.

[122] Bird R M, Jun J. Earmarking in theory and Korean practice [R]. ITP Paper, 2005: 513.

[123] Bird R. The marginal cost of funds and cost-benefit analysis [R]. The World Bank, 2008.

[124] Bischoff I, Gohout W. The political economy of tax projections [J]. International Tax & Public Finance, 2010, 17 (2): 133-150.

[125] Blackwell C, Crotts J C, Litvin S W, et al. Local Government Compliance with Earmarked Tax Regulation [J]. Public Finance Review, 2006, 34 (2): 212-228.

[126] Boylan R T. Political distortions in state forecasts [J]. Public Choice, 2008, 136 (3-4): 411-427.

[127] Brett C, Keen M. Political uncertainty and the earmarking of environmental taxes [J]. Journal of Public Economics, 2000, 75 (3): 315-340.

[128] Bös D. Earmarked taxation: welfare versus political support [J]. Journal of Public Economics, 2000, 75 (3): 439-462.

[129] Buchanan J M. An Economic Theory of Clubs [J]. Economica,

1965, 32 (125): 1 – 14.

[130] Buchanan J M, Kafoglis M Z. A Note on Public Goods Supply [J]. The American Economic Review, 1963, 53 (3): 403 – 414.

[131] Buchanan J M, Musgrave R A. Public Finance and Public Choice: Two Contrasting Visions of the State [M]. MIT Press, 1999.

[132] Buchanan J M. Taxation in Fiscal Exchange [J]. Journal of Public Economics, 1976, 6 (1): 17 – 29.

[133] Buchanan J M. The Demand and Supply of Public Goods [M]. Liberty Fund, 1999.

[134] Buchanan J M. The economics of earmarked taxes [J]. The Journal of Political Economy, 1963: 457 – 469.

[135] Camic S. Public Choice Theory & Earmarked Taxes [J]. Tax Law Review, 2015.

[136] Chen B, Lee S. General Fund Financing, Earmarking, Economic Stabilization, and Welfare [J]. Public Finance Review, 2009.

[137] Crowley G, Hoffer A. Dedicating Tax Revenue: Constraining Government or Masking its Growth [Z]. Mercatus Center Working Paper 12 – 17. George Mason University. May, 2012.

[138] Dhillon A, Perroni C. Tax earmarking and grass-roots accountability [J]. Economics Letters, 2001, 72 (1): 99 – 106.

[139] Dye R F, McGuire T J. The effect of earmarked revenues on the level and composition of expenditures [J]. Public Finance Review, 1992, 20 (4): 543 – 556.

[140] GAO. Earmarking in the Federal Government [R]. General Accounting Office Reports, 1995.

[141] GAO. Federal Trust and Other Earmarked Funds: Answers to Frequently Asked Questions [R]. Government Accountability Office Reports, 2001.

[142] Gersen J E, Stephenson M C. Over-Accountability [J]. Journal of Legal Analysis, 2014, 6 (2): 185 – 243.

[143] Green R K, Mayo S K. Metropolitan-Specific Estimates of the Price Elasticity of Supply of Housing, and Their Sources [J]. American Economic Review, 2005, 95 (2): 334 – 339.

[144] Hsiung B. A note on earmarked taxes [J]. Public Finance Review,

2001, 29 (3): 223 - 232.

[145] Hudspeth N W, Merriman D F, Dye R F, et al. Do Troubled Times Invite Cloudy Budget Reporting? The Determinants of General Fund Expenditure Share in U. S. States [J]. Public Budgeting & Finance, 2015, 35 (4): 68 - 89.

[146] Hundsdoerfer J, Sielaff C, Blaufus K, et al. The influence of tax labeling and tax earmarking on the willingness to contribute-a conjoint analysis [J]. Schmalenbach Business Review, 2013, 65: 359 - 377.

[147] James B M. Public finance in democratic process: fiscal institutions and individual choice [M]. Liberty Fund, 1999.

[148] Johansen F. Earmarking, Road Funds and Toll Roads [R]. the word bank, 1989.

[149] Kavale L. Earmarking of taxes: economy or policy? [J]. Economic Annals-XXI, 2014, 07 - 08 (1): 56 - 59.

[150] Krol R. Forecast bias of government agencies [J]. Cato Journal, 2014, 34: 99 - 112.

[151] Lee Y, Gordon R H. Tax structure and economic growth [J]. Journal of public economics, 2005, 89 (5): 1027 - 1043.

[152] Marlow M L, Orzechowski W P. The Separation of Spending from Taxation: Implications for Collective Choices [J]. Constitutional Political Economy, 1997, 8 (2): 151 - 163.

[153] Marsiliani L, Renstrom T I. Time inconsistency in environmental policy: tax earmarking as a commitment solution [J]. The Economic Journal, 2000, 110 (462): 123 - 138.

[154] McCleary W A, Mundial B. Earmarking government revenues: does it work? [M]. Country Economics Department, World Bank, 1989.

[155] McCleary W. The earmarking of government revenue: a review of some World Bank experience [J]. The World Bank Research Observer, 1991, 6 (1): 81 - 104.

[156] McMahon W W, Sprenkle C M. A theory of earmarking [J]. National tax journal, 1970: 255 - 261.

[157] Michael J. Earmarking state tax revenues [R]. Research Department, Minnesota House of Representatives, 2015.

[158] Mulgan G, Murray R. Reconnecting taxation [M]. Demos, 1993.

[159] Musgrave R A. Cost-benefit analysis and the theory of public finance [J]. Journal of Economic Literature, 1969, 7 (3): 797-806.

[160] Musgrave R A, Musgrave P B. Public Finance in Theory and Practice 5th ed [M]. McGraw-Hill, 1989.

[161] Musgrave R A, Peacock A T. Classics in the Theory of Public Finance: International Economic Association Series [M]. Palgrave Macmillan UK, 1958.

[162] NCSL. Dedicated State Tax Revenues A Fifty-State Report [R]. Budget and Fiscal Research Services and Publications, 2000.

[163] Nesbit T M, Kreft S F. Federal Grants, Earmarked Revenues, and Budget Crowd-Out: State Highway Funding [J]. Public Budgeting & Finance, 2009, 29 (2): 94-110.

[164] Nguyen-Hoang P, Duncombe W. Earmarked Revenues and Spending Volatility: The Case of Highway Finance [R]. 2012.

[165] Ng Y K. Efficiency, Equality and Public Policy: With a Case for Higher Public Spending [M]. Palgrave Macmillan UK, 2000.

[166] Patashnik E M. Putting Trust in the US Budget: Federal Trust Tunds and the Politics of Commitment [M]. Cambridge University Press, 2000.

[167] Pernia M, Acharya S R, Morichi S. Long-run Policy Effects of Financing Transport Investment through Earmarking in East Asia [J]. Proceedings of the Eastern Asia Society for Transportation Studies, 2010, 2009: 45.

[168] Seely A. Hypothecated taxation [R]. British House of Commons, 2011.

[169] Shah A. Fiscal Management [M]. World Bank, 2005.

[170] Shah A. Public Expenditure Analysis [M]. World Bank, 2005.

[171] Sælen H, Kallbekken S. A choice experiment on fuel taxation and earmarking in Norway [J]. Ecological Economics, 2011, 70 (11): 2181-2190.

[172] Stiglitz J E. New perspectives on public finance: recent achievements and future challenges [J]. Journal of Public Economics, 2002, 86 (3): 341-360.

[173] Tax Foundation. Earmarked State Taxes [EB/OL]. [2015/11/19]. http://taxfoundation.org/article/earmarked-state-taxes.

[174] Taxpayers for Common Sense. Earmarks and the Earmark Process: Frequently Asked Questions [R]. Taxpayers for Common Sense, 2011.

[175] Teja R S. The case for earmarked taxes [J]. Staff Papers-International Monetary Fund, 1988: 523–533.

[176] Terryn W C. Fiscal Incidence [M]. Fer Publishing, 2011.

[177] Tollison R D, Wagner R E. Regulatory finance in alternative models of regulation [J]. European Journal of Political Economy, 1990, 6: 519–529.

[178] Tresch R W. Public Finance: A Normative Theory [M]. Academic Press, 2015.

[179] Uhr C G. Knut Wicksell: A Centennial Evaluation [J]. American Economic Review, 1951, 41 (5): 829–860.

[180] Van de Walle D, Mu R. Fungibility and the flypaper effect of project aid: Micro-evidence for Vietnam [J]. Journal of Development Economics, 2007, 84 (2): 667–685.

[181] Wagner R E. Charging for Government: User Charges and Earmarked Taxes in Principle and Practice [M]. Taylor & Francis, 1991.

[182] Wulf L D. Fiscal Incidence Studies in Developing Countries: Survey and Critique [J]. IMF Economic Review, 1975, 22 (1): 61–131.

[183] Wyrick T L, Arnold R A. Earmarking as a deterrent to rent-seeking [J]. Public Choice, 1989, 60 (3): 283–291.